早期教育，始于1958

七田真早教经典系列

培养右脑思维的 33个亲子游戏

【日】七田厚　著／思可教育　译／马思延　审校

全国百佳图书出版单位

化学工业出版社

·北京·

图书在版编目（CIP）数据

培养右脑思维的33个亲子游戏/[日]七田厚著；思可教
育译.—北京：化学工业出版社，2016.1 （2019.9重印）
（七田真早教经典系列）
ISBN 978-7-122-25762-8

Ⅰ.①培… Ⅱ.①七… ②思… Ⅲ.①婴幼儿-智力游
戏 Ⅳ.①G613.7

中国版本图书馆CIP数据核字（2015）第285207号

本书中文简体字版由七田厚经思可教育投资开发（深圳）有限公司授权化学工业出版
社独家出版发行。未经许可，不得以任何方式复制或抄袭本书的任何部分，违者必究。
北京市出版局著作权合同登记号：01-2016-0172

责任编辑：杨晓璐　杨骏翼　　　　　　　　装帧设计：尹琳琳
责任校对：蒋　宇

出版发行：化学工业出版社（北京市东城区青年湖南街13号　邮政编码100011）
印　　装：北京新华印刷有限公司
880mm×1230mm　1/32　印张6¾　字数80千字　2019年9月北京第1版第15次印刷

购书咨询：010-64518888　　售后服务：010-64518899
网　　址：http://www.cip.com.cn
凡购买本书，如有缺损质量问题，本社销售中心负责调换。

定　　价：36.00元

总序

　　2012 年 3 月，"七田真早教经典系列"顺利地与中国广大读者首次见面！3 年多来感谢大家对七田式教育的支持与认可。由于本套作品成书时间比较早，本次我们对内容进行了全面的审校、修订，力求与时俱进。

　　这里要感谢思可教育集团，感谢马思延先生，还要感谢非常"给力"的化学工业出版社！

　　在我很小的时候，父亲七田真就经常跟我讲他在中国的故事：他的出生地大石桥是怎样的地方，后来跟随做工程师的父亲移居大连、北京，直到 16 岁踏上日本国土时的情景。父亲热爱学习、喜欢钻研，中国文化博大精深，5000 年来的各种经典著作想必是他最佳的精神食粮。迄今在父亲故居中还可以看到他细心批注的《论语》、《大学》、《中庸》，在他留下的 200 多种作品里，也常常有中国传统文化的影子，甚至在他去世后留下的随笔中也有一篇名为"记忆中的北京"。可见，"中国"这两个字在父亲的一生中具有举足轻重的地位，如果他知道自己倾注毕生精力创办的"七田式教育"能够回到中国这片"故土"生根、发芽、开花、结果，我想他心中肯定会更加饱满、更加骄傲！

"七田真早教经典系列"能够在中国如此"隆重"地出版以及再版，也和七田真国际教育中心正式进入中国息息相关。2009 年年底我们授权思可教育为代理机构。2010 年 9 月 1 日中国首家教学中心，也是全球第 518 家中心，在深圳市正式开学。5 年来七田真国际教育在中华大地上不断开花结果，目前已经在深圳、北京、上海、昆明、广州等城市拥有全直营中心 12 家，也让我们的全球教学中心增加到了 557 家。

我们相信每一个孩子生来都有巨大潜能，这些潜能可以通过科学的方法开发出来，并保持下去，就像鲜花经过浇水、施肥、日光沐浴后终会绽放一样。而爱心是开发潜能的基础，宝宝只有在满满的爱心呵护之下才能有充分的自信，潜能也才可以无拘无束地发挥出来。就像土壤对鲜花一样，爱是孩子成长的基础；同时爱也是有原则、有方法的，决不等于溺爱。给予孩子爱的同时也要严格，要教育孩子学会忍耐。教育的目的不只是上一所好的小学、中学、大学，更重要的是培养孩子走入社会时必备的能力，培养他们的心灵。所以我们一直倡导的是，用爱、严格、信赖来培养全人格的宝宝。

本次出版的"七田真早教经典系列"共有6册：《七田真胎教法》、《七田真：0~6岁右脑教育法》、《七田真：爱与规则》、《七田真：培养优秀宝宝父母必上的7堂课》、《七田真：情商教育法》、《培养右脑思维的33个亲子游戏》，除了最后1本我自己的著书之外，其他5本都是在我父亲七田真留下的大量图书中精挑细选出来的，涵盖了七田式教育的主要内容。从胎儿期开始，从理论与实践两个角度指导父母如何与孩子建立良好亲子关系，如何在爱心的基础上培养心性美好，左右脑均衡发展的宝宝。我希望这套丛书能够帮助中国的家长在教育的路上找到正确的方向，体会到育儿的乐趣；

更加希望伴随着七田真国际教育在中国的发展，有越来越多的中国宝宝有机会接受以心灵教育为目的，重视宝宝综合素质的七田式教育！

七田 厚

七田教育研究所

2015 年 10 月 19 日

孩子能否成才完全取决于家长

如果我说孩子能否成才完全取决于家长，那么各位家长也许会很震惊。但是，这确实是一个不容否认的事实。

所有的孩子都是天才，当然也包括您自己的孩子。所有孩子都平等地拥有着与生俱来的无限的发展可能性。但是，这种能力是隐性的。如果家长在养育的过程中只是放任不管的话，那么孩子的潜在能力是很难开花结果的，这就是家长之所以非常重要的原因。

我很明白家长们想让自己的孩子快速成长的心情，但绝不要让孩子做一些超出能力范围的事情。如果家长勉强孩子去做一些事情，孩子也未必会率直地回应的，即使应家长的要求做了一两次，也绝对不会长久的。所以，让孩子觉得有趣，从而自己主动快乐地去做，这才是关键。

效果最显著的做法就是利用一些日常生活中常见的场景，让孩子不知不觉地参与进来。本书中介绍了在家里就可以简单做到的 33 种亲子游戏。家长（特别是以妈妈为主）将和孩子一起进行游戏。每一种游戏，都是快乐、简单的，可以让孩子怀着浓浓的兴味参与进来。

这 33 种游戏，都是在我的父亲，也就是"七田式"右脑开发教育创始人——七田真的理论基础上研发出来的，是完全值得您信赖的。

孩子在 0 ~ 6 岁的幼儿期时，大脑是以隐藏着无限可能性的右脑为主导的，这段时期可以称为"人生黄金期"。在这段时期内，刺激和开发孩子的右脑，就可以培育出天才。

是否能引导出孩子的天才能力，取决于身为家长的"您"。任何时候开始都不晚，但是读了本书的家长，您应该尽快，甚至从今天就开始。从脑的构造来说，越早开发越好。

首先，妈妈一定要和孩子一起快乐地做游戏。这样，妈妈的快乐会传递给孩子。母子一起开心地合作，这是基本。

那么，现在让我们开始做游戏吧！

七田 厚

第1章 孩子能力的发展取决于家长

第2章 培养右脑思维的33个亲子游戏

目录

目录

第 **3** 章 七田式右脑教育

目录

第1章

孩子能力的发展取决于家长

0～6 岁是引导和提高孩子能力的关键期

"我要让孩子的能力最大程度地发挥出来！"

每一位家长都是这样想的吧。但是，大部分家长却不知道怎样做才能达成这个目标，这确实是个问题。孩子的能力，会因家长不同的引导方式而得到不同程度的发展。如果家长一直不明白什么是正确的引导方式，那不是一件很遗憾的事情吗？

那么，"从什么时候开始""怎样去做"才是最好的呢？孩子大脑的吸收能力是越接近婴儿时期越强。也就是说，如果要引导和提高孩子的能力，越早越好。

0～3 岁，是孩子吸收能力最强的黄金时期；3～6 岁，是非常重要的培育素质的阶段。举个例子来说，如果想正确辨别"哆来咪"这些音阶，拥有绝对音感这种能力的话，就应该在 3～4 岁这个阶段进行培养。学习语言、记忆词汇的能力也在 6 岁以前是最强的。

在这个重要的时期，家长是否使用了正确的引导方法，与孩子的能力培育与提高是有着直接关联的。进一步来说，天才养成的关键就在于 0 ~ 6 岁的幼儿期。

被称作天才的人们都有一个共同点，那就是他们的左脑与右脑能够很好地均衡使用。而对于一般人来说，大脑普遍是以左脑 90%、右脑 10% 左右的比率在使用。相比较于左脑，右脑的使用率是非常低的。

其中原因就在于右脑没有启动，也就是说，人们普遍没有充分地进行右脑的开发教育。但如果只是开发左脑的话，很明显最多只能再引导出全部能力的 10%。只有像开发左脑一样地也去充分开发右脑，才能使能力全面发展、开花结果。

0～6岁奠定左、右脑发育基础

孩子的左脑与右脑是否能够均衡开发，取决于 0～6 岁阶段的引导方式。下面来具体地说明一下。

大脑在婴儿出生的瞬间就已开始成长，这时就需要一些外部给予的刺激，通过看、听、触觉等对五感的刺激来打开感觉回路，也可以说，是为了打开"输入回路"。

比如说语言，如果家长对孩子说很多话，那么孩子的输入回路就会很发达。是否能够使用语言来丰富地表达，与输入回路有很大关联。

精心培育输入回路，使其完整充实，这样自然而然地就能同时培育作为运动回路的输出回路。所谓输出回路，就是说话的回路。总之，通过多和孩子说话，使其接受语言的回路高速开拓，说话的回路也会同时得到锻炼，孩子表达能力也会渐渐变得丰富多彩。

多和孩子说话的意义就在于此。家长千万不要认为孩子"还是个婴儿，什么都不懂"，从宝宝出生开始就和他多说话吧。非常重要的一点就在于要尽可能早地和孩子说话，一定要竭尽所能地做到这件事。最好是在宝宝出生前，还在妈妈肚子里的时候（5 个月左右）开始是最棒的。这时虽然不能面对面，但通过说话来交流，可以使宝宝和妈妈心灵相通，建立一条母子间的心灵纽带。对妈妈来说，这也可以当做是一个为了以后与孩子说话沟通的很好的练习。

而且，重要的一点是不能只让孩子听。不仅要对耳朵进行这种听觉训练，还要配合给予孩子视觉上的刺激，这对于打开感觉回路是非常有效的。针对孩子的年龄，找出内容易懂的图画书，反复读给孩子听。把与孩子说话和让孩子看文字、听故事的活动相结合，培育他的阅读能力。在这个过程当中，孩子的语言能力就会得到磨炼、渐渐提高。

为什么越早越好呢

现在也有很多父母认为在幼儿期间不要过分强调才能和能力，让孩子自由发展是最好的。可是，有这样想法的父母们，你们知道才能是遵循"递减法则"的吗？

递减的含义就是指随着时间的流逝，某物一点点逐渐减少。孩子们天生所具有的才能也同样会随着年龄的增长而渐渐失去，这就是递减法则。

所以，0～6岁的时期是非常重要的，而使才能得以伸展的是环境。这个时期里，在什么样的环境中成长决定了孩子才能伸展的"度"。不仅如此，性格和资质也会在这个时期受到很大的影响。

说得更详细一些，越是接近0岁，发展的可能性就越大。也就是说，不会有"现在给孩子一个良好的教育环境太早了"这样的说法。看 IQ 的增长曲线就会明白，6岁之前 IQ 数值曲线显著向上增长，而一旦超过6岁曲线将会立刻变得平缓。

脑部科学领域也证明了，幼年阶段不停重复练习（拥有练习环境）的天才音乐家，其脑部神经细胞的增长超越常人，他们因此掌握了高超的技术，而且能够完全发挥自身能力。这也是可以证明才能递减法则的事例。

我想让家长们明白的是，让孩子自由成长，与给他们创造一个能够发展才能的环境，这两件事情绝不矛盾。孩子自身想要发展的才能，会需求一个适合发展的环境。把他所需求的给予他，这就是与孩子之间的关系，是育子的原点。

越重视孩子的内心，
越能引导出孩子的能力

本书主要介绍家长与孩子一起在家里就可以简单做到的培养右脑思维的游戏，全面解说基于右脑教育理论研发的 33 种右脑开发技术之精华。

近年来，有些关于"0 岁教育""天才脑"的介绍，经常出现于电视、杂志、书籍等媒体中，受到了人们的普遍关注，而七田式理论绝对是这个领域的先驱者。本书通过对右脑开发的革新理论介绍，将让您实际体验到七田式教育的特长与效果。

关于七田式的右脑教育，在本书第二章会详细讲述。那么，这里先介绍一下为什么右脑开发对成功育子来说非常重要。

在大脑中，左脑与右脑分工不同。相对于被称为三次元语言、计算脑的左脑，右脑是更高次元，隐藏有巨大潜力。右脑只在婴幼儿早期阶段处于优势地位，不久脑部使用就会开始向左脑转移，6 岁时就会切换成以左脑为优势地位。因此，应该在大脑变成以左脑占优势地位之前，积极地开发右脑，引导出孩子们与生俱来的"天才能力"。

如果想要引导出孩子的"天才能力"，最重要的就是"亲子一体感"。七田式教育的基础就是培育孩子的心灵，如果无视孩子内心的话，就算想引导出他们的能力也不可能顺利做到。父母要向孩子清楚地表达自己的爱，随着家长与孩子之间信赖关系的构筑，孩子的心灵与头脑都将会茁壮成长。

想让孩子身心健康，并拥有天才的能力吗？最好的教材就是妈妈和爸爸。从这一点出发，父母与孩子在家里能够一起做的事情有很多。本书中的亲子游戏将为您提供帮助。

但在您和孩子开始进行本书的亲子游戏之前，有一些要点需要注意。首先，不要焦躁。虽说是简单的游戏，但也会有一些孩子在最初的时候怎么也做不好。但是，育子就是要一步一步地进展，一点一滴地积累。今天做不到没关系，明天再继续努力。重复是很重要的，只要坚持，

不久后孩子肯定就可以做到了。

　　其次，绝对不要对孩子使用催促和否定的词语。"赶快！""快点！""别人都能做到，为什么你不能做到？"这些都是禁止使用的句子，只会引起孩子的退缩或抗拒反应。家长要深刻意识到这是有百害而无一利的事情。

　　那么，接下来就开始具体实施一下父母与孩子在家里就可以简单做到的——培养右脑思维的 33 种亲子游戏。

第 2 章

培养右脑思维的 33 种亲子游戏

1. 音感游戏：培养绝对音感、韵律感

孩子们用耳朵来倾听和记住语言，然后自然而然地就可以说话了。记住"音"也与此相同。从孩子很小的时候起就为他准备好一个能够与"音"相接触的环境，培养孩子拥有一对优质的"耳朵"，这就是"音感游戏"。

想培养优质的"耳朵"就要越早越好。就算是还处在喝奶、睡觉、哭泣时期的婴儿，也要放一些纯音乐的背景音乐（BGM）来给他们听。童谣当然也可以，但最好是巴洛克式一类的古典音乐，宝宝倾听这种用乐器演奏出来的"音"是最优质的。

在这个时期，要尽可能多地为孩子创造优质的音乐环境，以培养出孩子的"绝对音感"。婴儿会在右脑的"照相功能"充分运转的同时，将耳朵听到的声音大量储存入脑中。在流淌着优美音符的房间中守护着香甜入睡的宝宝，妈妈也会觉得很快乐吧。

输入右脑的信息会向作为表现脑的左脑转移。表现回路的生成是在 3 岁以前，如果想要孩子学习乐器的话，就应在这个时期开始。在 2 岁左右为孩子创造一个与乐器亲近的环境，就可以使孩子在学习乐器时顺利起步。

对孩子来说，将音乐通过身体来表现的"韵律舞蹈"也是非常有趣的游戏——听音乐、感受它，再表现出来。韵律舞蹈能通过音乐，让孩子体味到表现自我的快乐。虽然目标是培育孩子的音乐品位，但不管怎样，快乐地进行这件事情才是最基本的。妈妈也要尽可能地和孩子一起活动身体，分享快乐。

不论是让孩子学习乐器，还是做韵律舞蹈，其基础都是孩子的兴趣。重要的是一定要与孩子的状态相配合，不要勉强孩子。"妈妈让我必须做这个"，如果孩子持这种想法过于强烈的话，也许就会开始讨厌音乐了。

音感游戏

放一些纯音乐的背景音乐。

有钢琴或其他乐器的家庭，一定要积极地活用这些乐器。

妈妈和孩子一起进行韵律舞蹈，用音乐来表现自我。

学习乐器也是一种方法，但为了避免孩子讨厌音乐，千万记得不要勉强孩子。

2. 绘本游戏：锻炼注意力、阅读理解力

　　父母讲绘本是孩子最喜欢的游戏之一。现在很多家庭可能都有在睡前给孩子讲绘本的习惯，也常有孩子自己拿着绘本来缠着家长读的情形吧。

　　这正是因为孩子感受到了从读书给他听的父母那里传递过来的爱。

　　父母把孩子抱坐在腿上，一边轻轻地拍着他的背，一边用轻柔的语气将一个故事娓娓道来，这种情境下的感觉，是孩子非常喜欢的。这就是常说的骨肉亲情。正因为在讲绘本的过程中，有这种因互相接触而生成的亲情确认行为，孩子才会在这段时间里感受到非比寻常的快乐和惬意。心情舒爽就等于快乐，孩子们靠直觉就知晓这一点。

　　将快乐与图书连接在一起的，就是父母要满满地注入亲情读书给孩子听。作为快乐音符进入耳朵里的词语将自然地与词汇的累积相联系。当孩子的词汇累积到一定程度，就会成为在自己说话表达时丰富表现的基石，还有作文能力与阅读理解能力也会自然提高。

进一步说，这个时期也可以为"速读"打下基础。不只读书的速度提升，对书中信息的理解和信息处理能力也会相应提升。"读书给孩子听"成为构筑这个基础的关键要素。但说到底，这个时期让孩子快乐地听，从而喜欢上图书才是重要的主题。

要给孩子读他喜欢的书，或是孩子自己拿过来想让你读给他听的书。10 页左右的薄薄的书就可以了，字号要很大，有很多重复的惯用语是最好的。但是，每天只读一本是绝对不够的，目标是一天读 10 本。要点是读孩子翻开的那一页给他听，没有必要按照故事的发展顺序来读。不要说"这里已经读过了，读下一页吧"这样的话，不要变成读书的主导者，这样孩子会感受不到乐趣的。

绘本游戏

妈妈，给我读书。

孩子自己拿过来想让你读给他听的书是首选！

把孩子抱坐在腿上，一边轻轻地拍着他的背，一边用轻柔的语气将一个故事娓娓道来——这样的亲情感觉是最重要的。

哇！还要听，还要听！

一天只读一本是不够的，多读几本给孩子听吧。

这里。

好，好。

如果孩子说"这里"的话，那就从孩子想听的部分开始读吧，即使刚刚读过也没关系。

如果是使用了很多惯用语的书，就带着孩子一起读吧。

即使孩子想要反复地读同一本书，或者只是看着封面就已经很满足了，这些都没有问题，按照孩子的意愿来做吧。

3. 闪卡游戏：锻炼瞬间记忆力、识别力

通过将画有图画和写有文字的卡片，像闪光灯一样快速、大量地闪给孩子看，来打开其右脑的开关，活化右脑，这就是"闪卡游戏"。右脑是高速运转的脑，所以重点就在于要将信息（刺激）同样高速地传达给右脑，要以一张一秒以内的速度闪给孩子看。而且，通过大量的输入，右脑会认定这是高质量的信息而牢牢记住，所以结合孩子的状态和兴趣，一次至少闪 50～100 张卡，最理想的是闪 200 张卡。一定要记住"高速"和"大量"这两个关键。

幼儿期（特别是 0～3 岁）的孩子正处在以右脑为主导地位的状态。大家有没有这样的经验？ 本来对电视节目毫不关心的孩子，在广告播出时，会突然紧盯着电视屏幕看。因为画面变化迅速、信息量多的广告能够刺激右脑。对此表现出兴趣，正是证明了孩子处于以右脑为主导地位的时期。因此，在这个时期内使用闪卡进行"游戏"

会取得很大的成果。

　　说几点闪示方法上的注意事项。在闪示卡片时要注意手指不要遮住卡片的图画或文字。卡片整体是一个统一的信息，如果被遮去了一部分内容，就不能传达正确的信息。

　　要将"图画（文字）"和"语言"的信息同时传达。如果说出"苹果"这个词之后，才将苹果的图像给孩子看，孩子就会感到混乱。所以重要的是，眼睛和耳朵要同时接收信息。也就是说，在听到 "苹果"这个词的同时，就要看到苹果的图像。

　　不要被固有的观念所局限。认为给 1 岁的孩子看汉字卡片是很难的，这就是固有观念。作为信息，拼音与"天真烂漫"这样的汉字对于孩子来说都是相同的。不要用大人的头脑来断定难易度，这也是在使用闪卡时的一个重要注意事项。

闪卡游戏

和孩子玩闪卡游戏的话，妈妈事先做些练习是必要的。

高速

大量

闪卡游戏的关键之处就是"高速"和"大量"。

注意手指不要遮住闪卡的图画或文字。要将"图画（文字）"和"语言"的信息准确地同时传达。

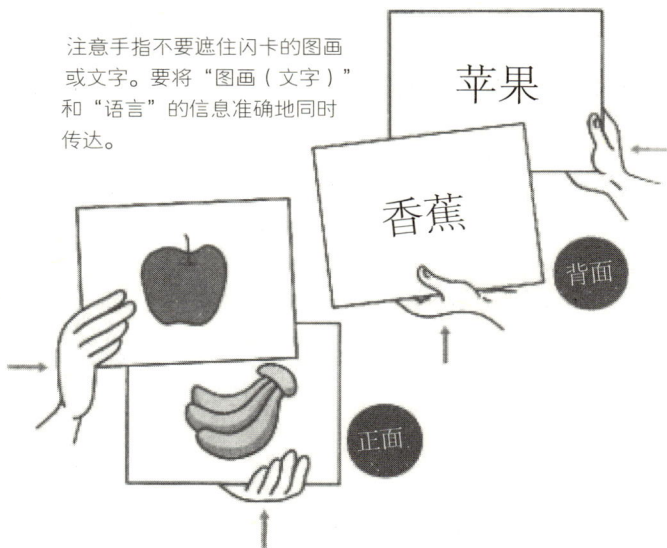

苹果

香蕉

背面

苹果

正面

给孩子看的时间以一张卡片一秒以内为基准。

苹果

香蕉

葡萄

4. 色彩游戏：区分色彩，培养艺术感受力

色彩游戏的最终目的就是培育出能够分辨画作上各种颜色之间微妙差异的艺术感性。能够识别的颜色就算只是稍微增加，艺术感性也会有很大不同。 首先做到能够使孩子识别红、黄、蓝这些基本颜色。

将红、黄、蓝颜色的球放入一个容器中，对孩子说："宝宝，拿出红色的球来玩好不好？"如果孩子拿出了红色的球，"再拿一个蓝色的""拿一个黄色的"，这样和孩子继续玩下去。

接下来让孩子把球放到和它同样颜色的杯子中。 能做到后，再发展到下一个游戏，将球和杯子排成 一列，让孩子从中找出某种颜色。从最基础的颜色开始，最初目标就是能识别蜡笔的 12 种颜色。能做到的话，就挑战一下 24 种颜色吧。虽说使用什么道具都可以，但一般市面上贩卖的玩具按照真正原色制作出来的很少，所以，父母也许要辛苦一些，多 花点心思去找"教材"。

在平常的生活中，可以指着家里的积木、玩偶、书的封皮、壁饰、家具等，问一问孩子这些都是什么颜色的，这可以提升孩子对于颜色的关注度。对色彩抱有兴趣和培养艺术感性是紧密相连的。

也可以做实际调色游戏。比如，家里有紫红色家具的话，就可以和孩子说："这个颜色是什么色和什么色混在一起形成的呢？很像红色，所以其中一种应该是红色。另一种……感觉有点像蓝色？"然后拿出水彩颜料来，"我们来调一下试试吧。"有了这种和妈妈一起快乐游戏的经验，孩子的艺术感性会渐渐地被引导出来。

和说话、写字相同，画画也是表达方式的一种。孩子能够识别多种颜色后，就会自然而然地将兴趣转向使用颜色来画画。这同时也培育了孩子丰富的表现力。

色彩游戏

将带有颜色的球放入和它
同样颜色的容器中。

红色

指定一种颜色，让孩子选出来。

船的颜色是……

红色和黑色吧?

实际动手调色，可以培养孩子的艺术感性。

5. 形状游戏：认识形状，培养空间想象力

一个物体从各种不同的角度去看，都是由哪些要素构成的呢？"形状游戏"就是为了锻炼这种理解能力的。

在 0～3 岁这个时间段，要彻底记住 10 个基本形状（圆形、三角形、正方形、长方形、椭圆形、星形、十字形、五角形、六角形、梯形）。

"圆形是哪一个？"从这种简单游戏开始。"把妈妈说的形状拿出来，好不好？首先，拿出三角形。"在和孩子这么说的同时，就可以让孩子牢记形状和名称。

在这个游戏中，除了识别形状，教给孩子形状的构成也是非常重要的。例如，识别圆形是由两个半圆组成的、长方形是由两个三角形组成的这种简单的构成。可以将长方形剪成两个三角形，让孩子用这两个三角形拼出一个长方形来。

同时在日常生活中也要有意识地让孩子识别图形。"看看我们家的时钟,真圆啊!""电视机是长方形的呢!""让我们来找一找,家里都有什么东西是三角形的?"

理解了平面的图形后,就可以进阶到立体图形。给孩子看立方体、长方体、三棱柱、锥体等,让孩子摸一摸,找到那种立体的感觉。这里也要同样重视构成,要让孩子理解立方体是由六个正方形构成的,三棱柱是由两个三角形和三个长方形构成的,等等。

了解了形状的构成,就能够把立体图形作为展开的平面图来理解。

在小学考试中常出现这样的问题——下面哪个图形是立方体的平面展开图?如果想提前为小学的学习做准备的话,就要在这个阶段加强孩子对图形的认识。

形状游戏

要让孩子彻底记住 10 个基本形态。

圆形是由两个半圆组成的，正方形是由两个三角形组成的。教会孩子形状的构成是非常重要的。

理解了平面的图形后，就进一步理解立体图形。

在日常生活中也要有意识地让孩子识别图形。

6. 大小游戏：了解大小的概念

　　大小游戏，顾名思义，就是让孩子理解"大"与"小"的概念。可以应用家里的任何物品，通过"比较"的方法来教会孩子。比如说，用一大一小的两个球，对孩子说"大的是哪一个？""把小球拿过来"。刚开始时关键是要使用大小差别很大的物体来让孩子辨别。

　　使用布偶的话，就会增加游戏感。把几个大小不同的布偶并排放在一起，来进行各种游戏。

　　"试一试从大到小把布偶排列起来。"

　　"把最大的布偶拿给妈妈好不好？再拿一个最小的。"

　　"小熊和小兔子，哪一个比较大呢？"

　　持续这个游戏，直到孩子可以在一堆东西中，正确识别出哪一个是第二大的，哪一个是第三大的。这时，再进一步使用积木类的道具，开始练习区分微妙的大小差异。

　　另外，将大小作为一种概念来掌握也是必要的。不只是要比较实际物品的大小，也要让孩子看着图画书，说出大象和蚂蚁谁大谁小，这也是很重要的。

对事物大小的认知过程是怎样的呢？首先通过右脑在视觉上捕捉，然后通过左脑判断大小。这种大小游戏促成了左右脑的合作，使右脑与左脑相连 接的回路渐行渐宽。在幼儿期进行这种充分的训练， 将来只是看着一件事物，就会拓展为各种构思，能够发挥出优秀的问题解决能力。

大小游戏也是将来能够培育出优秀脑的一种诀窍，也请家长理解这个游戏的意义。

大小游戏

和孩子玩认知大小的游戏。请灵活使用家中的物品吧。

在很多物品中，让孩子比较一下，辨别第二大的是哪一个，第三大的是哪一个？

哪一个大？

不要只比较实际物品，也可以比较一下图画书中的大象和蚂蚁。

7. 手指游戏：锻炼手指灵活性、专注力

　　手或手指被称作"第二个脑"。不管是在人类的思考方面还是行动方面，手指都起着重要的作用。能够锻炼手指作用的基础方法就是"手指游戏"。即使是不到 1 岁的孩子，也可以让他随意涂画。通过在一张大纸上随性地写与画，可以锻炼孩子的手指感觉。

　　从用整个手去抓取东西的练习开始训练孩子，再对应年龄逐渐练习到可以使用手指。从使用 5 根手指一起抓东西的阶段开始，逐渐减少为 4 根、3 根、2 根。可以自由地使用手及手指，和拿剪刀、铅笔、筷子这些动作是紧密关联的，目标是使孩子在 3 岁左右可以使用这些东西。为此，要在 0 ~ 1 岁时大量进行使用手和手指的相关游戏。

　　小球游戏也是对手指的一种练习。让孩子拿起小球，放入瓶中，再拿出来。这虽然是简单的练习，但只要重复进行就可以让孩子体会到使用手指的那种感觉。

对于手指游戏来说，没有特定的道具。重要的是家长要开动脑筋，活用身边的物品，做各种各样的手指游戏。

比如，把纽扣放到妈妈的围裙上，再拿下来；把子母扣合在一起，再分离开来；用绳子和一个环做穿绳游戏也是很好的训练。

使效果提升的法则就是与孩子的成长（身体机能的发展）相呼应地进行游戏。比如穿绳游戏，给还不到 1 岁的孩子一个小环儿就太难了，而给 3 岁孩子一个大环儿又太容易了，这都达不到训练的目的。所以，父母绝对不能忘记这个重点——依据孩子平时的表现，在清楚认识孩子"现有水准"的基础上进行训练。

手指游戏

从使用 5 根手指一起抓东西的阶段开始，逐步减少为 4 根、3 根、2 根。

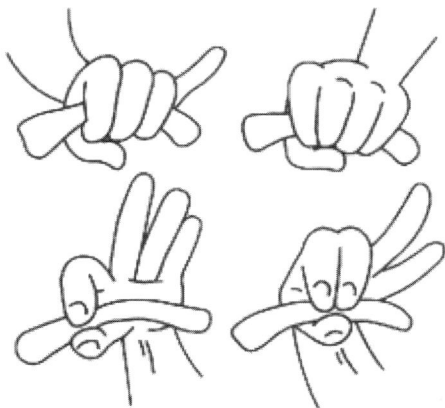

拿起球，放入瓶中。再拿出来，虽然
是简单的练习，但可以让孩子体会使
用手指的那种感觉。

可以自由地使用手及手指，和拿剪
刀、铅笔、筷子这些动作是紧密关
联的。

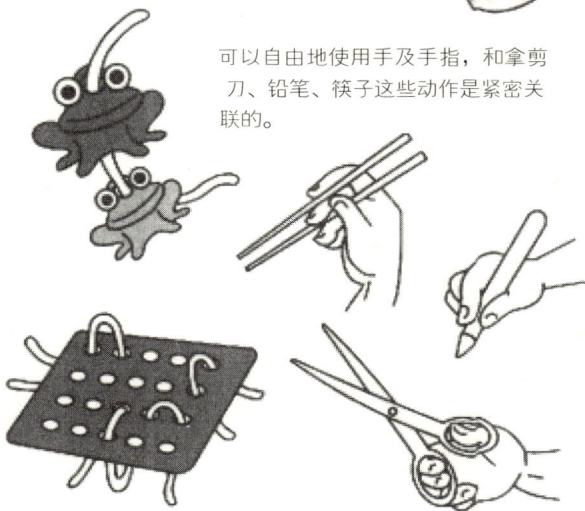

041

8. 疼爱游戏：让孩子自我认可

有一句俗话说："3 岁看老。"这句话不管说的是好是坏，都暗示了幼儿时期的教育是非常重要的。

3 岁（泛指幼儿期）孩子的心灵，如果能将其引导向好的方向，那绝对是一份最出色的成绩。想要做到这件事，最为必要的就是父母的"爱"。实际感觉到自己被爱着的孩子，将会拥有一颗安定的心灵。爱能够包容孩子的一切，被这种爱所守护的孩子会有很强的安心感。这些都与"自我认可"的自信相关联。从父母那里接受到的爱中，孩子将会找到自己存在的价值。

如何向孩子传达您的爱，用言语表达当然是非常重要的一点，但更重要的是身体与身体相接触的"疼爱游戏"，例如被妈妈抱一抱、疼爱地拍拍头的感觉。这些感觉越强烈就越会被大脑作为一种信息储存起来。在右脑的映像中，妈妈的温暖将被作为"暖暖的幸福感"输入进去。

　　在婴儿时期，没有不去爱抚宝宝的妈妈吧。但是，当孩子慢慢学会走路，当他想要自己的事情自己做的时候，渐渐地妈妈爱抚孩子的时间会越来越 短，和孩子说的话却越来越严厉。"不可以这么做！""要我说几遍你才明白！"其实越是这样的时期，越要给孩子更多的爱。根本不需要任何理由，只要非常自然地抱紧孩子，真诚地和他说话就好了。孩子在任何时候，都会想得到妈妈暖暖的拥抱和听到妈妈温柔的话语。

　　当然，不只是妈妈，孩子也渴望得到爸爸的认可。所以，爸爸要仔细观察孩子的行动，即使只是一些琐碎的小事也没关系，请多给孩子一些表扬吧！

疼爱游戏

妈妈的疼爱，会给予孩子脑部
以"自我认可"的自信。

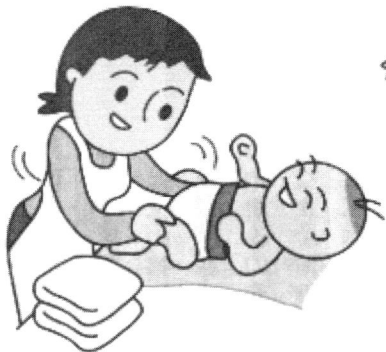

实际感觉到自己被爱着的孩子，将
会拥有一颗安定的心灵。

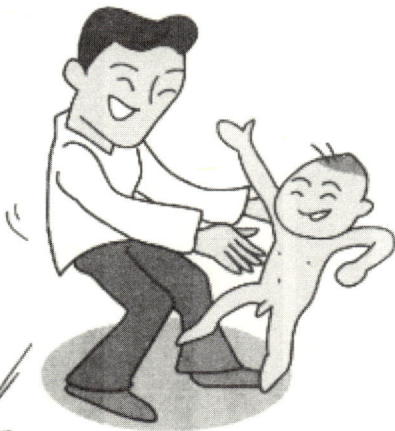

对于孩子来说，爸爸的表扬也是
很重要的哦。

9. 数字游戏：了解数字，锻炼照相记忆力

让孩子对数字感兴趣，提高他们的快速计算能力、直觉、照相记忆力，磨炼他们对数学的基础感觉，这就是"数字游戏"。首先，要使用点卡（随意画了很多圆点的卡片），拿出点数不同的两张卡片（比如79与74），一边"79""74"地读出来，一边快速闪给孩子看，然后问孩子哪张是79。

这个练习的目的是让孩子把数字作为"一个整体"来记忆，从视觉上感觉这些点，通过图像来认知。因为是右脑的训练，所以不能以类似于"这个是74,看清楚了吗？这一张是79。那么，79 是哪一张？"这种让左脑运转的方法训练。训练的重点是不给孩子思考的余地，以超快的速度给他看卡片，使孩子只能通过感觉来抓取要点。反复练习后，即使只看一瞬间，孩子就可以判断出正确的答案。

锻炼对数字的概念先从理解 1 至 10 开始。可以将玩具或布偶排成一列，"一共有几个玩具呢？ 1、2、3……"

一边数数，一边用手一个个地指着玩具。"让我们抱一抱5 号的小熊吧"，为了使游戏更具乐趣，可以像这样增加游戏的步骤。

孩子能够理解数 1 至 10 后，就可以使用 5 珠、10 珠或 100 珠的算盘，来练习数字的合成与分解。比如用 5 珠的，"我数 3 个哦，1、2、3。剩下 2 个，一共是 5 个"或"分成 3 个和 2 个，那么，3 个加 2 个就是 5 个"。

要点就是像这样使用算盘等形象的、可以移动的道具来给予孩子视觉上的信息。即使在做练习册这种平面的训练时不能很好地理解，但这种形象的游戏却可以将"5 这个数字是由 3 和 2 构成"的信息非常自然地传输入孩子的脑中。

10 可以分解为 1 和 9、2 和 8、3 和 7…… 把各个数字都来合成分解一下吧。

除了算盘，也可以使用积木来进行同样的游戏哦。

数字游戏

不给孩子思考的余地，以只能用感觉来捕捉的速度给他看点卡，让孩子在瞬间就作出选择。

从理解数字 1 至 10 的概念开始，然后使用
大算盘（比如百珠算盘）来试着练习数
字的"合成分解"。

10. 数量游戏：了解量的概念，锻炼直觉力

这个数量游戏可以使孩子掌握"量"的概念。可以将颜料溶于水中，制作一些孩子喜欢的颜色的水。从这一步骤开始的话，能使孩子快乐地参与进来，增加游戏的趣味性。"做什么颜色的呢？粉色？好！就来做粉色的水吧。"可以像这样稍稍诱导一下孩子。

将杯子中有颜色的水一边倒入另一个杯子中，一边说："这个杯子里的水变多了呢，这个少了哦。"把数量的多与少的概念教给孩子。将水完全倒入另一个杯子后，也要注意教给孩子"这个杯子空了"。将水放入多个杯子中，让孩子试一试按照杯中水从多到少的顺序排列，也可以问一问孩子"水第三多的杯子是哪一个"。

因为游戏中会用到水，所以要选择厨房这种即使弄洒了水也没关系的环境。

使用橡皮泥也是很有效果的。将橡皮泥扯成两份，问问孩子哪一份比较多，或者让孩子试一试将橡皮泥两等分。

量的概念与分数是相关联的。被分数计算难倒的孩子相信不在少数，但是只要认真进行数量游戏，就会很容易理解分数。要尽可能地想出一些将日常 生活体验与数量游戏相结合的方法。

举例来说，吃点心的时候，可以说："和姐姐一人一半分着吃，要分得一样哦。"或者是让孩子看到分蛋糕的场面，对他说："有 3 个人吃，所以要分成 3 份哦。"

孩子有了这种体验的话，在练习分数的时候，这种记忆就会被唤醒。

"二分之一？还记得那个时候，你不是和姐姐一人一半分蛋糕吃吗？对了，二分之一就是一半！"

分数这种抽象的概念可以切换为实际体验来进行模拟练习。

数量游戏

将颜料溶于水，从制作有颜色
的水开始，这能够提高孩子对
这个游戏的兴趣。

一边将杯水中的水倒入其他杯子
中一部分，一边教给孩子水量的
多与少。

使用橡皮泥也是一种方法，
将量的概念与分数相结合。

在实际生活中，用类似于切
蛋糕的这种场面，让孩子理
解分数的概念。

11. 五感刺激游戏：锻炼直觉力，安定情绪

　　我们通常都在使用"五感"感觉着、生活着。味觉是每天吃饭时都会体验到的，视觉是对映射到眼睛里的信息的反映，这也是常常体验的。但是，听觉、触觉与嗅觉，如果不特意去"感觉"的话，是很难达到敏锐的境界的。五感虽然是谁都拥有的能力，但是敏锐程度的高低是与幼儿时期受到的"刺激量"相关联的。还有，现实中的五感与第 14 种游戏中提到的 ESP 游戏（锻炼直觉力）是有密切关联的。通过现实中的五感可以使想象中的五感变得敏锐起来。

　　"五感刺激游戏"就是给予孩子（特别是幼儿期）很多的体验与经历，可以带孩子一起散步、去公园、去动物园等，领孩子去美术馆参观也是一件很好的事情。千万不要认为孩子还小，即使看了也不会懂。花的香气、枯叶的触感、动物的身姿、美术馆的静寂……右脑的五感能够感觉到这些，并准确地与现实五感相连接。

在听觉的刺激训练上，可以采用童谣和古典音乐等，给孩子听各种各样的声音。经过多种声音的刺激，将会关联到绝对音感的训练。接触外语也要从幼儿期开始，因为日语是低频率的语言，所以如果到了成人期，会很难适应高频率的英语、法语、汉语等。而从小就习惯了高频率语言的孩子，在外语学习方面总会很快。在这个时期，即使只是放录音给孩子听也是可以的。

还有，柔软的、光滑的、粗糙的等等触感是与表示人际关系的温和、热情、冷漠等"感情"相连接的。从柔软的布偶开始，让孩子触摸多种物品。当然，最棒的触感就是父母的拥抱。常常感受到妈妈温暖的手与爸爸粗糙厚实的手掌触感的孩子，情绪是很安定的，并且能够很好地控制自己的感情。

五感刺激游戏

在大自然中与亲人一起散步，确实能够刺激到五感。

爸爸粗糙的、有力的手带来的触感，对孩子来说是不可或缺的。

和动物的接触也是一种新鲜的感觉。

美术馆的静寂，各种色彩的展品，对孩子来说仿佛进入了另外的时空一样。

花的香气能够很快地刺激嗅觉。

孩子会非常喜欢在户外和父母一起玩耍。

12. 照相记忆游戏：锻炼照相记忆力

记忆力可以称作是所有学习的基础能力。但是，同为记忆力，左右脑在本质上是有很大区别的。像一字一句读书这种通过左脑来理解语言进行记忆的方式是劣质记忆，很快就会忘记。而通过右脑图像进行的整体性记忆为优质记忆，不论到任何时候都是鲜明深刻，不会忘记。

七田式教育法所倡导的记忆法当然是使用图像的记忆了。这种记忆像照片一样，把图像在脑中冲洗出来，保存好。 这样不管什么时候，只要需要，就可以再现。七田式教育法把这一连串的流程作为 一套记忆程序来考虑。

照相的原理是将事物作为一幅画像在一瞬间抓取到，记忆也可以同样如此。只要一瞬间看到，就能够将看到的图像记忆下来，这被称作直观像。

这种能力，在以右脑为主导的幼儿期开发是最有效的。为了能够一瞬间抓取图像，眼睛的使用方法也是很重要的。这个时期孩子的视野被称作"周边视野"，不是聚焦于一点，而是善于抓取全体画面。随着孩子的成长，眼睛将会逐渐以聚焦为主导，这就是之所以错过这个时期再开发照相记忆能力会很困难的原因。

　　为了掌握直观像而进行的照相记忆游戏的重点是，尽量快速地将材料给孩子看，给予孩子强烈的印象。比如，将画有水果的纸一瞬间闪给孩子看，然后立刻问"纸上画着什么？"完全没有必要给孩子从思考到理解的时间，这没有任何意义。

　　当然，在幼儿时期掌握的这种能力，长大后也随时可以在需要时调出、活用。就算是读书，也没有必要一句句地追着文章走，而是将一页作为一个整体记忆，这样一点也不辛苦就能够轻松记住。

照相记忆游戏

七田式的记忆法是通过抓取图像来记忆。

像照片一样，把图像在脑中冲洗出来，保存好，这样不管什么时候，只要需要就可以再现。

重点是尽量快速地给孩子看，给予孩子强烈的印象。完全没有必要给孩子从思考到理解的时间，这没有任何意义。

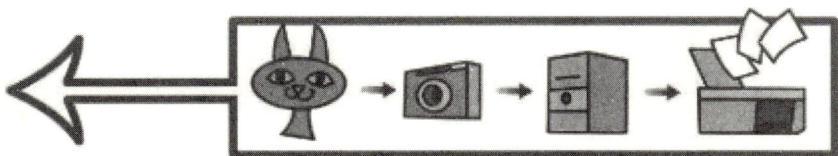

13. 积木游戏：锻炼空间认知力

　　给孩子的玩具中最具有代表性的就是积木。孩子一旦能够灵活地使用手指，就可以堆积、拆散积木来进行各种游戏。特别是积木哗啦哗啦倒下来的样子，孩子们特别喜欢，会多次重复地进行。这就是"积木游戏"的起跑线。特别是孩子很小的时候，让他在重复地堆积、拆散的过程中，提高对积木的兴趣。

　　对积木抱有兴趣的孩子，能够毫不费力地拥有与多项能力相连接的可能性。在七田式教育中，通过积木游戏，来提高孩子的空间认知力，并与信息处理能力的提高相关联。最终目的是培育孩子从多方面捕捉事物信息的能力，以及为培育解决问题的能力打下良好的基础。

　　也许有人会觉得这很不可思议，这些都和积木有什么关系呢？其实通过不同的玩法，可以拓展出各种各样的可能性。

　　首先，从 " 堆一个和妈妈堆的相同的形状吧 " 这样的玩法开始。让孩子认真地看一看妈妈堆起来的积木，如果堆成了和妈妈一样的形状，就可以说："好厉害啊！"总之表扬一下孩子吧。

　　下一个阶段，让孩子认真看了妈妈堆的积木后就遮住。用一张纸隔在中间，催促孩子用积木堆出同样的形状。对孩子来说，眼前的东西突然消失不见的话，会感觉不知所措。所以，之前妈妈要这样说："我数到 10，积木就会消失不见了，所以要认真看哦。"孩子就会在"数到 10"的这个时间段里，拼命地处理映入到眼睛里的信息。当然，最初可能无法堆成同样的形状，但在反复进行这个游戏的过程 中能够锻炼孩子的信息处理能力，重点是要渐渐减少给孩子看积木的时间。

　　0～3 岁的阶段，请使用没有色彩的素色积木。先从两块积木开始吧，持续练习，争取突破到最多可以使用 6 块积木。

积木游戏

给孩子的玩具中最具有代表性的就是积木。在重复地堆积、拆散积木的过程中，能够提高孩子的脑力。

"堆一个和这个一样的图案吧！"可以给孩子看一幅图来让其依照原样堆积木，能够做到这一点后，就可以给孩子看一个范例，看后立刻遮住，然后让孩子堆出与范例同样的形状。

14.ESP 游戏：锻炼直觉力

妈妈一只手里握着一个小小的兔子布偶，完全握住，然后试着问问孩子："小兔子在哪一只手里呢？"

孩子用眼睛来看的话，是完全看不出来小兔子被藏在哪一只手里的。孩子会思考，是哪一只手呢？这时，完全在运转的就是"右脑的五感"。

简单来说，"右脑的五感"就是对看不见、听不见的事物的"感应能力"。这种能力也就是"超感知能力"（Extra Sensory Perception），简称"ESP"，也就是大家常说的直觉力、灵感。其实不论是谁都拥有这种能力。能够觉察他人的情绪、感觉与某人很合得来，像这种瞬间的"直觉"或"灵感"，大家应该都经历过吧。这正是"ESP"。这种能力越丰富，就越能解读他人的内心，越能接近事物的本质。能够顺利地交到朋友，对动植物生出怜爱之心，这些都是直觉力所引导的。

　　直觉力游戏是以"看不见的东西"为对象的。所以无论是在家还是外出都可以轻松做到。例如，"猜一猜妈妈现在想的是什么颜色？"在铁路的交叉路口前，可以说："让我们来猜一猜，下一班车是从哪个方向过来的？"可以把很多事物作为对象来进行游戏。

　　如果再加上"触觉"的话，就可以给右脑五感更多的刺激。比如说，红色的小鸡表示热，蓝色的小鸡表示冷，先向孩子传达这种印象，再握在手中藏好。

　　"摸一摸妈妈的手，感觉一下，哪一个是热的？"

　　在这种反反复复的游戏过程中，孩子的猜中率会变得令人惊讶的准确，非常不可思议。

ESP 游戏

将红色小鸡与蓝色小鸡的模型分别放入鸡蛋开关的容器中。变换鸡蛋的位置，使孩子不知道小鸡放到哪个鸡蛋里面了。让孩子猜一猜其中的一只小鸡在哪个鸡蛋里面。

使用正面有各种各样图案的卡片。将卡片反面朝上，洗一洗牌，妈妈说出其中一张牌的图案，让孩子猜一猜是哪一张。

15. 智力拼图游戏：锻炼想象力、推理能力

　　"智力拼图游戏"能够综合培养想象力与推理能力，以及对图形的感觉与思考力。如果要完成智力拼图，就必须想象和考虑全体图形与其中一块是什么样的关系，以及每块之间要怎样组合。从左右脑的分工来说，凭直觉来感应其中一块拼图应该放在哪里是右脑的工作，找到准确匹配的位置则是左脑的工作。所以，智力拼图游戏能够均衡锻炼左脑与右脑。

　　最初，从带有把手的、能够简单放入再轻松拿起的智能拼图开始。说起拼图，人们的印象常常是从空白开始一块块拼接，但是这会让孩子很难进入状态。所以要点就是首先应该从已经完成的拼图上取下一两块，"这一块放到哪里正好呢"，再让孩子把它拼回去。

　　在拼图的选择上要选择一些孩子喜欢的图案，兴趣与干劲儿是相连的。拼图的每一块都带有一定的厚度是最好的。这样即使孩子第一次没有放对位置，也会在移动拼图块的时候，让拼图"啪"的一声落入正确位置。

下一阶段就可以挑战图像拼图。块数从少到多慢慢增加，大致推测在 3 岁左右，要以 9 块拼图为目标。

在这里要注意的是，让孩子自由地构思与选择，想从哪一块开始拼起就从哪一块开始。大人在旁边看时会认为从某个地方开始比较简单，也许会忍不住想要说："从这里开始拼起比较好哦。"但请不要这样做，因为这个游戏的目的并不是要求孩子掌握能够完成拼图的"技术"，而是要培育一种想象和思考的能力，像"这个形状和这里很相像呢""咦？放不进去？如果横过来的话能不能放进去呢"。这才是智力拼图游戏的目的，让孩子自由构思是最重要的。

智力拼图游戏

首先应该从已经完成的拼图上取下一两块，"这一块放到哪里正好呢"，再让孩子把它拼回去。

拼图的目的并不是要求孩子掌握能够完成拼图的"技术",而是锻炼孩子的"自由构思"。

16. 记忆游戏：锻炼想象力、记忆力

小孩子都喜欢听妈妈读绘本，这时和他说很多话，他也会开心地听。活用这种"喜好"，可以打开优质的记忆回路，这个游戏就是为此做准备的训练。记得要点是创作出有趣的、愉快的故事，妈妈 "兴奋与雀跃"的态度也是非常重要的因素。

想让孩子按照顺序记住一些事物的时候，比如说在给孩子看图画卡的时候，可以使用最为寻常的做法："第一个是苹果""下一个，看！是香蕉"，等等。而"记忆游戏"是创作一些让孩子容易想象、印象深刻的故事。

比如，想要依次记住"雨""派出所""网球""响板""黄瓜"的话，那么就可以编一个小故事："下了好大的雨"→"和大雨的雨点一起，派出所也从天上落了下来"→"偷偷看了看派出所里面，一位很有精神的巡警正在打网球"→"仔细一看，他手里拿的并不是网球拍，而是响板" → "巡警做了运动后，肚子饿了，一口就吃了一根好大好大的黄瓜"。

这种小故事要用有冲击性的内容把要点紧密相连，不符合常识的内容更容易给孩子留下强烈的印象。讲完故事后，再将卡片背面朝上给孩子看，问问孩子卡片的内容是什么。孩子的头脑中还残留着妈妈有趣的故事，就算卡片翻过去也一样会记得的。

这个游戏最大的目的就是让孩子的记忆不只保留到明天，就算是过了一个星期也仍然记得。最初从两张卡片开始训练，记住后开始渐渐增加到 10 张、20 张。不可思议的是，在重复游戏的过程中，即使没有故事在其中进行串联，记忆回路也一样能够完成。最后发展到就算只有词汇本身，也一样能够轻松记住的程度。这就是记忆回路变得优质的证明。

记忆游戏

孩子都非常喜欢图画书。把这份"喜好"和记忆游戏很好地结合在一起吧。

使用图画卡片来做记忆游戏的时候，编一些能够让孩子容易记住的、有冲击性内容的小故事，按照顺序一张张来讲。

孩子们应该能够回忆起"巡警一口就吃了一根好大好大的黄瓜"这句话，从而想到答案是——黄瓜。

17. 暗示游戏：培养积极的心理

　　培育孩子心灵的原点就在于孩子与父母的关系。疼爱孩子，与孩子充分地互动，向孩子的心灵注入父母的爱。能够感受到这份爱的孩子，都会茁壮成长的。

　　但是，育子并不是这么简单的一件事情。有这种想法的妈妈有很多吧。如果孩子做了什么不好或不对的事情，"不可以！""快一点！""不要磨蹭！""真是的，为什么不能按照我教你的做呢！"……这时从父母口里说出来的可能都是这些斥责的话了。有的时候，这种斥责是不是也变成了家长感情的一种宣泄了呢？

　　妈妈对孩子说的不好的话中，"快一点"和"不可以"一直占据着第一位和第二位。说这种话语对孩子的心灵会造成影响。持续地说这种负面的话语，就算对方不是孩子，也会变得退缩，会产生反抗心理。这种感觉会变成一种"潜在意识"，深深地刻进孩子的心灵，孩子会觉得"我是个差劲儿的孩子，我什么事都做不好"，从而产生负面的自我印象。

孩子都有一个成长过程，有一些事情不能很快做到，那是理所当然的。之所以看起来磨磨蹭蹭的，很有可能是由于家长仅从自己的角度出发来看待问题。

孩子会把家长对他说的话全部原样接受，并进行活用。所以，多和孩子说一些能使其潜意识积极向上的话语是非常重要的。

"宝宝，你已经能够自己穿鞋了啊，好厉害。"

"哇，宝宝，你收拾得好干净啊。"

"宝宝，你真努力呢。"

一直从家长那里接受着这样话语的孩子，就能够产生"很棒的自己、能够做好的自己、努力的自己"这种正面的自我印象。这个"暗示游戏"能为孩子培育有干劲儿、充实的心灵打下良好的根基。

暗示游戏

宝宝能够自己穿鞋了啊，好厉害。

孩子会把家长对他说的话全部原样接受，并进行活用。

哇，宝宝，你收拾得好干净啊。

多和孩子说一些能使其潜意识积极向上的话语是非常重要的。

宝宝，你真努力呢。

孩子会产生"能够做好的自己"的正面自我印象。

"快一点！"或"不可以！"这种负面话语会使孩子产生退缩心理和反抗心理。

18. 想象游戏：激发想象力

为了引导出右脑潜在能力所需要的"动力"的最好方法，就是想象游戏了。对于成人来说，就是心理训练。为了实现自己的梦想与目标，成年人常使用"可视化"的方法来提高自己的想象力。比如马拉松选手经常采用"可视化"训练来想象自己得到金牌的那一瞬间，这种经过心理暗示的景象便常会在现实中实现。这种想象游戏，与这种可视化训练本质上是一样的。

在这个时期，为了激发孩子的想象力，进行模拟游戏是最有效果的。最初可以从模拟形态开始。一边放着童谣听，一边问问孩子，"变成蝴蝶玩一玩吧？""能不能变成大象呢？"妈妈也和孩子一起活动身体玩这个游戏，这会更加快乐哦。如果有圆形道具的话，可以把它当做方向盘，对孩子说："哎呀，我是个驾驶员。"然后和孩子一起游戏吧。"过家家儿"也可以成为一种想象游戏，

"先把胡萝卜切片，咔咔咔，再放到锅里不停地翻炒。啊，熟了没有呢？"可以这样去引导孩子。不论任何事物都可以成为模拟游戏的题材。

要注意的是，不要只把模拟游戏当做一个有趣的游戏就这样草率结束。为了能够引导出孩子的想象画面，妈妈要多和孩子说一些能够打开其五感的话语。比如，"变成蝴蝶后，你有什么样的感觉呢？""炒胡萝卜好不好吃啊？"

这种话语，其实在将来会有极其重要的意义，因为在头脑中所想象的画面其实是为了将其变为现实的一种诱导。将想象的画面画出来、用文字描写出来……这都是制造输出回路的基础。

以模拟游戏为开端，从"想象"到"现实"，一步步地提高想象力。

想象游戏

一边放着童谣，一边与孩子一起活动身体做"形态模拟"的游戏。

为了能够打开孩子的五感，要多讲一些类似于"用方向盘可以开动汽车呢""正在吃的食物是什么味道呢？"这样的话语。进行从"想象"逐步走向"现实"的游戏。

19. 联想游戏：丰富词汇量，锻炼联想力

"词语接龙"对孩子来说是个令人兴奋的游戏。花生→生菜→菜花……刚刚接触词语接龙游戏时，孩子常常会想不出词汇或让首尾的字重复，但通过词汇量的增加和不断地使用，渐渐地就可以接上很多词语。

"联想游戏"和"词语接龙"还有"纵横填空字谜"游戏一样，都是以获得"词汇"为目的的游戏。教育认为3 岁孩子应该以 3600 个词汇为目标，这个数字是一般情况下孩子获得的词汇量的 4 倍。会觉得过多吗？您尝试后肯定不会这样想。

孩子会通过他体验过的事情，或是听家长读书，或是从听他人说话中，在脑中积蓄了大量的词汇，只不过在很小的时候还无法从口中说出来。明明有很多想要说的，却只会" 嗯…… 那个……"地无法很好表达出头脑中所想的事情。孩子自己想必也急得直咬牙吧。

　　我们要把见过和听过的事情作为语言来打开"说话"回路。那怎样让孩子把已经存于脑中的词汇在实际中灵活应用呢？联想游戏在这方面是非常见效的。通过大量进行这种游戏，不但表现力会日渐丰富，而且阅读理解能力也会日益增强。

　　比如说，从"海"这个词语开始，可以做很多很多的联想。

　　"宝宝，听到'海'这个词，你脑中会想到什么呢？"

　　让孩子把他头脑中的各种"联想"都检视一遍。听到海，会想到沙滩、想到夏天（去海边玩）、会想到蓝色……从体验过的事情、听过的图画书、听别人说的话中来联想。从名词开始，依据具体情况再增加些形容词。

联想游戏

和孩子一起想一想，从这个词语能够联想到什么词语。

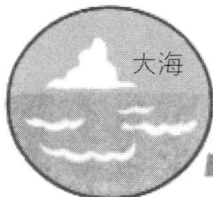

大海

轮船

最初像"海→船"这样，从名词开始联想。

天空

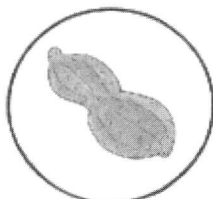

花生

"词语接龙"对孩子来说是个令人兴奋的游戏，即使孩子想不出词汇或让首尾的字重复，也不要对孩子说"不行"这种负面话语。

生菜

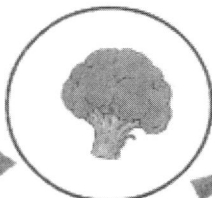

菜花

20. 画画游戏：锻炼观察力、艺术表现力

当孩子能够用手拿起蜡笔或铅笔时，就会热衷于画画。他会在纸上一圈一圈地只是画些线条，这时如果问他："你画的是什么啊？"他也许会回答你："妈妈。"虽然在大人看来那完全是乱涂乱画的，孩子却是认真的。接下来可以发展到快乐的对话上，"画得真好啊。但是，妈妈其实更漂亮呢。"用这样的话来加深画画所带来的快乐。

画画游戏中须要注意的要点就是，这个时期要给孩子尽可能大的纸来让他画画。通常给孩子用来画画的纸，往往不是挂历或印刷用纸的背面，就是速写本，这些一般都是 A4 或 B4 大小的纸。但是，小孩子是没有"框"这个概念的，往往会一直画到纸外面去。孩子画在了桌子上，或是用蜡笔在墙壁上画画也是常有的吧。

这种时候，妈妈是不是会说："啊，怎么弄脏了？真是麻烦！"孩子做游戏的根本就是"快乐"，如果常被批评的话，他就会变得渐渐讨厌画画了。所以要为孩子准备一张足够大的纸，给他创造一个无论画在哪里都会很开心的环境就很重要了。用 A3 以上的大型号的纸，几张连在一起，贴在墙上吧。

　　还有一点很重要，就是不要用大人的"常识"去限制孩子，比如说去强调太阳是红的，山是绿的……要记住，在孩子的这个时期，即使画成太阳是蓝色的，山是红色的也完全没关系。孩子用右脑感觉到的映像就是"那个颜色"，没有必要用一定的规则来限制他。

　　画画是表现方法的一种。自己做出的"表现"，被周围的人所认可和接受，会给予孩子极大的自信。如果被表扬"画得真好"，他就会更加喜爱绘画。让孩子自由发挥地去画，并好好地表扬孩子吧。

画画游戏

给孩子纸和画笔吧。

让孩子自由地画，问问他："宝宝，你画的是什么啊？"

给孩子贴几张大纸，创造一个能够让其自由画画的空间。

就算孩子画到了纸的范围以外，也不可以批评孩子。

21. 迷宫游戏：锻炼注意力、大局观

迷宫有两种，一种以"线的处理"为目的，一种以"思考"为目的。无论哪一种都是以提高信息处理能力和注意力为主题的。

孩子到 3 岁左右时，多和他玩"画线迷宫"游戏吧。目标就是从起点到终点，细心地把线画出来。

为了能够做到这一点，充分地练习第 20 课的画画游戏是前提条件。孩子做了很多自由随性的画画练习后，就会明白握着铅笔时的力量增减。那么遵照规则来画线，也就是对到达迷宫终点为止的"线"的处理也会变得很拿手。而且，向着终点前进的"思考"根基也会自然而然地培育出来。

孩子能够很好地完成"画线迷宫"之后，4 岁至 6 岁时就可以晋级为"思考迷宫"。毕竟迷宫是一种思考游戏，是左是右，一边选择一边向终点前进。

　　一般人走迷宫时，通常都是抱着走走试试的想法开始的。七田式教育为了提高孩子的信息处理能力和注意力，在玩法上采用了"捕捉全体像"的方法。

　　"来，好好看一看"，用 5 秒左右的时间来给孩子看迷宫的整体构造。在限定的时间里，孩子会积极尝试搜集信息，此时作为映像脑的右脑会全速转动。

　　普通的走迷宫方法，常常就只能看到眼前的一块。而通过捕捉全体像的方法，会很清醒地意识到目的地是终点那里，也能够提升信息处理的精度，花费的时间会大大减少。

　　从整体来看迷宫→提高去终点的意识→进行分析→处理信息，这个流程，就是七田式迷宫游戏的方法。请反复进行这个游戏吧。

迷宫游戏

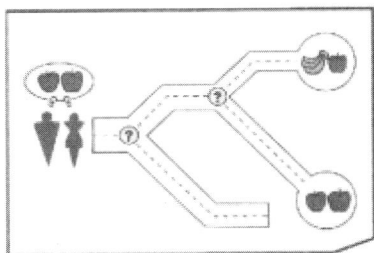

迷宫游戏分为"画线迷宫"和"思考迷宫"两种。

进行自由随性的画画练习后，下一阶段就是教给孩子按照规则来画。

向着终点前进的"思考"根基也会自然而然地培育出来。

在走"思考迷宫"时，首先要"捕捉全体像"，然后按照"从整体来看迷宫→提高去终点的意识→进行分析→处理信息"的流程提高精度。

22. 自我介绍游戏：锻炼语言表达力

　　孩子成长到 2、3 岁的时候，就可以挑战一下"自我介绍游戏"了。虽然常常会被人问"你叫什么名字？""几岁了？"但除此以外，孩子为了介绍自己而发言的机会其实相当少。如果不为孩子创造这个环境，就很可能会弱化孩子自我介绍的能力。

　　这种能够充分表现自己、正确传达自己意见的能力，在将来肯定是必需的，从小开始就做这个练习有很大意义。要点在于随着年龄的增长，"介绍的内容"也要随之增加（即"年龄 +1"）。2 岁孩子的话，可以介绍自己的名字、年龄和喜欢的食物，比如"小宝，2 岁，喜欢吃……嗯……苹果"。3 岁的话，就可以介绍名字、年龄、喜欢的食物和最擅长的事情，比如"小贝，3 岁，喜欢吃苹果，最拿手的是搭积木"。

　　为了逐步强化孩子的说明力和表现力，就把介绍的项目内容以约为"年龄 +1"的程度持续进行下去。然后，到了 6 岁左右，就让孩子试一试进行 1 分钟的演讲。

"在一分钟的时间里，说一说你自己的事情，就说你喜欢的事情吧。"

幼儿时期一直练习的自我介绍游戏，在这里将被活用。在提升和发展自我介绍能力中一定要注意阶段性前进。

当然，让孩子能够快乐地玩，大人做一些演出的准备也是很重要的。可以递给孩子一个玩具话筒，"请吧"，这会很容易让孩子进入氛围；也可以把厨房的圆汤勺当做话筒来用；手电筒聚光灯的照明圈也是孩子非常喜欢的道具。

全家人的热烈鼓掌和"好期待啊"的欢呼就是演讲开始的信号。父母可以绞尽脑汁想一些独特主题的快乐演出，使这一分钟的气氛热烈而欢快。

自我介绍游戏

名字？

喜欢吃什么？

几岁？

能够充分表现自己、正确传达自己意见的能力，从小就要掌握。

介绍内容的增长以"年龄 + 1"的程度进行。

小萍

2岁

游戏中所体验到的感觉是很重要的。为了让孩子能够快乐地游戏，要做好演出的准备。

23. 背诵游戏：锻炼记忆力、表现力

孩子们非常善于听着"声音"去模仿。如果经常反复唱童谣给孩子听，那么在听的过程中渐渐地孩子自己也可以唱了。妈妈那令人愉悦的声音能够快速进入孩子右脑的记忆回路，孩子就可以模仿这个声音，再作为自己的语言输出。当然，这个时期 的孩子还无法把这种声音作为"语言"来理解它的内容，模仿声音只是因为好玩而已。如果家长表扬孩子——"哇，好厉害哦"，孩子就会更加开心，会觉得这个游戏更好玩。

背诵游戏就是像这样来刺激右脑的记忆回路，以提升脑的品质为目的的游戏。记忆回路受的刺激越多，越会以令人惊讶的程度加以拓宽。这个时期因受到外界大量的刺激而积蓄下来的记忆，会形成理解事物以及思考能力的基础。也可以说，制造的记忆回路的优秀程度，会决定将来脑的品质。

背诵游戏可以从《论语》、唐诗、谚语、格言等开始，选择在历史长河中被称颂的、给予很多人以文化熏陶的、能够长久流传的内容。

"过犹不及。"

"学而时习之，不亦说（悦）乎。"

　　……

也许家长会质疑，要教这么小的孩子学《论语》吗？是的，不可思议的是，在反复听的过程中，孩子渐渐地就可以背诵了。关键就是要"不求甚解"，不必去理解文章的含义，比起记忆词语更为优先的是"感受韵律"。通过这种反复的刺激，能够培育成右脑的记忆回路。最初让孩子按照自己的步调来，逐渐练习到可以"高速"朗读。

背诵游戏

记忆回路受的刺激越多，越以令人惊讶的程度拓宽。

比起记忆词语更为优先的是"感受韵律"。

关键就是要"不求甚解"。

太棒了!

从《论语》、唐诗、谚语、
格言等在历史长河中被称颂
的内容之中取材。

24. 诗词游戏：锻炼节奏感、语文能力

"什么？让孩子作诗？连我自已都不会……"

大多数父母大概都会觉得这个让孩子作诗的"诗词游戏"很不可思议。但让人意外的是，七田真教室里的孩子大都可以轻易地作出诗词来。

这是因为诗词是有"韵律"的，"韵律"对于孩子有很大影响。

中国的古诗词不仅作法上有很多规则，而且在诵读上也是极讲究韵律的，有很强的节奏感：

白日依山尽，黄河入海流。

欲穷千里目，更上一层楼。

像这种五言绝句的平仄用韵，对孩子来说并不是什么规则，而是一种有趣的韵律游戏。2、3 岁的孩子已经在脑中积累了大量词汇，但是还不能很流畅地通过语言表达出来。这个诗词游戏就是能够使表达流畅的方法之一。

这个游戏的要点，首先就是要从"视觉"进入。诗词的意境有时是只可意会，不可言传，这时可以利用漂亮的图画这种"现实"的东西来给予孩子视觉上的刺激，带领孩子进入诗词的意境。例如"白日依山尽，黄河入海流"这一诗句，就要给孩子看一幅符合这句诗意境的山水图。一边给孩子看图画，一边用一根小棍在桌上轻敲节奏，同时刺激孩子的视觉与听觉。如果对孩子说"要记住哦"，这样做是不会增加游戏乐趣的。而通过用小棍轻敲节奏，可以将诗词化作"音"，加深游戏的趣味性。

借问/酒家/何处有，牧童/遥指/杏花村。

成年人是把说话与写字当做表达方式，但孩子即使还不能说话，也可以用耳朵捕捉声音，也可以用手指出来。

这个时期的孩子，完全可以无视诗词的规则。

当然，最初由妈妈先读给孩子听，一边敲出声音一边捕捉节奏，这就足够了。随着孩子年龄的增长，渐渐地他就可以自己作出诗句来了。这个游戏可以为以后写文章打下良好基础，所以请快乐地练习吧！

诗词游戏

只要从"视觉"进入，其实诗词并不难。
给孩子看一些图画书，先培养兴趣吧。

要把作诗当做韵律游戏一样进行，把诗词的节奏用"小棍"敲打出来教给孩子。

随着节奏的捕捉，诗中描述的画面仿佛也"跳"到了孩子的面前。

25. 计算游戏：锻炼注意力，培养数字敏感度

当孩子拿起铅笔，渐渐地可以写数字与汉字时，就挑战一下"计算游戏"吧。这个游戏当然是以稍大些的孩子为对象，是为算术打下基础的练习。

有很多妈妈都觉得孩子只要进入小学后再学习算术就可以了。当然，从"学习"这种观点来看的话，进入小学之后再学也并不晚。但是，七田式教法不单单只是停留在教授"计算"上，而是通过"计算"来锻炼运笔的灵活度，以培养注意力、信息处理能力以及爆发力为目的，并且，最终通过"做到了！"这种达到目标的成就感来与建立自信连接在一起。所以，在开始阶段，不要把焦点放在能否正确解出答案上，而要关注能否解答到最后。答案准确度的不断上升正是从此开始。

"百格计算"就是为幼儿设计的算术练习。这个练习是将 0 至 9 的数字在横竖第一排中都分别写入，然后将横排与竖排相加所得的数字填入相应方格中。父母可以在一张纸上轻易地画出这个"百格计算"。如果孩子觉得太难的话，最初可以从横竖 3 个数字开始，能够完成之后，再一个一个地增加数字。

　　这个游戏的要点就在于速度。比较理想的是，到了 6 岁左右，百格计算能够在 2 分钟之内完成。在得出加法运算答案之前，也要看一下孩子写数字的速度有多快。即使在教室里，也有很多做不到的孩子，这是很普遍的，不用在意。先以 3 分钟至 5 分钟完成为目标开始吧。

　　进行这个游戏之前，如果充分地训练了第 9 课（数字游戏）的内容，那么孩子将能够更快理解，更有成效。

计算游戏

来玩一下"百格计算"吧。

+	5	4	6	7	3	2	0	9	1	8
1										
3										
7										
9										
5										
0										
6										
8										
4										
2										

利用"百珠算盘"等来教给孩子算术的概念。

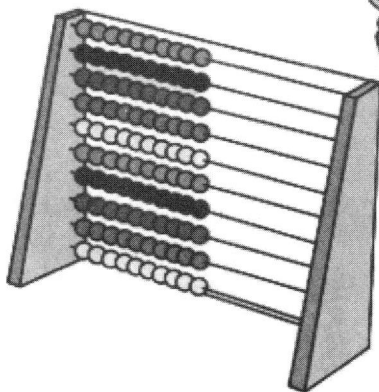

重要的是解答到最后。

回答的正确率将通过不断
地反复训练而上升。

26. 钟表游戏：培养时间观念

　　钟表游戏是为了让孩子理解"点"的概念，换言之就是时间，比如今天、明天、后天、一周、二周、一个月、一年……成年人已经把这一切视为理所当然会知道的事情，也许会觉得这种事情在日常生活中会自然而然学会的，但其实这是不教给孩子他就很难理解的一个概念。

　　特别是"几点几分"这种时间概念，和孩子说"我们明天去散步吧"，就算孩子理解这句话的意思，但如果变成"我们明天 10 点去散步吧"，那么事先没有教给孩子"点"的概念的话，孩子是很难理解的。

　　有意识地从早期开始，具体一点说，可以从 2 岁开始教给孩子时间的概念。使用玩具钟表，首先从整点开始，给孩子看与生活节奏相关联的整点，并说给孩子听：

　　"起床了没有，9 点了呢。"

　　"啊，12 点了，该吃午饭了。"

"已经 3 点了，来吃些点心吧。"

"都 7 点了，必须吃晚饭了。"

"9 点了，该睡觉了。"

因为这些都与日常生活节奏相结合，所以能很轻易地渗透入孩子的大脑中。比较理想的是，6 岁时能够让孩子理解"一分钟"的概念。

理解"点"的概念，不仅仅是学会看懂时间，还能够使孩子拥有一个规律的生活习惯，懂得遵守约定。

当孩子在学习和考试时，会为自己设立一个目标，为了实现这个目标而设立时间表的能力与这个钟表游戏也是相关联的。

所以教给孩子时间的概念是没有太早这一说法的。

钟表游戏

9点

从 9 点、12 点这种整点来
教给孩子"点"的概念。

12点

3点

7点

9点

与生活节奏相结合地教给孩子时间概念，能够引导孩子拥有规律的生活习惯。

12 点 5 分。

进一步，让孩子理解"几点几分"的概念。

117

27. 对比游戏：锻炼观察力

对比游戏是指比较各种各样的物品，以理解长的短的、大的小的、高的低的……在长短、大小、高低之外，也要联系到数与量的概念。

可以先比较两种物品，从身边的物品开始，比如说蜡笔等，可以使用的物品有很多。

"把红色的蜡笔和蓝色的蜡笔放在一起看一看，啊，红色的比较长哦。"或者堆积木时，让孩子把蓝色的积木堆得比红色的高一些。在各种各样的游戏中，都可以将比较的概念有意识地加入其中。在平常的生活中，也有很多场景可以教给孩子们。

比如在吃饭时：

"宝宝的碗和妈妈的碗哪个大啊？"

"看看爸爸的筷子，多长啊。宝宝的比较短哦。"

通过这种话语可以使孩子意识到比较的概念。在外出时也同样如此：

　　"公交汽车来了，公交汽车要比我们家的车大好多。"

　　"来看看那两栋楼，哪一栋比较高？"

　　能够了解两种物品的相互比较后，就可以增加比较的对象了。可以在比较三种物品时，让孩子能做到从中依次找出最长的、第二长的、最短的。

　　还可以让孩子帮帮忙：

　　"把最长的筷子给爸爸，第二长的给妈妈，最短的筷子宝宝自己用。"

对比游戏

例如，比较一下蜡笔的长短。

也可以比较布偶的大小。

帮忙摆餐具的时候，可以教会孩子比较餐具
的大小和长短。

出门时，就比较一下车的大小。

理解了"比较"的概
念后，就开始增加比
较对象的数量。

28. 顺序游戏：锻炼空间认知力

为了知晓物体的位置，就必须理解"坐标"这个概念。比如在地图上标示特定场所位置的就是坐标，星星的位置也是通过天体坐标来表现的。

顺序游戏就可以帮助孩子理解坐标的概念，教具就是自制的"动物公寓"。利用一个有横竖挡板的箱子，将它当做一个有很多房间的"公寓"，在各个房间里放入小兔子、小熊、小狗、小猫等动物的小布偶。

虽然身边可以利用的物品有很多，但最好让动物布偶的大小都几乎相同，然后在"公寓"前可以进行各种提问：

"第一排右数第二个房间里面住的是谁啊？"

"第一排右数第二个房间……嗯……是小熊！"

"小白兔住在哪个房间啊？"

"小白兔的房间是……最下排的右数第三个。"

等孩子能够正确说出答案后，就将动物们从房间里取出：

"把小猫放入下数第二排、右数第三个房间里面。"

再这样变换方式和孩子游戏。

重点就是用这种立体的形式进行游戏。比起平面，立体的方式更容易获得真实感。

等孩子稍大一些，也可以活用"百格计算卡"来进行游戏。

"在 6 和 6 相交接的方格里画〇。"

通过动物公寓这种具体的物体来理解坐标的概念，再尝试理解数字这种被抽象化后的概念，并且最终进阶到对 X 轴、Y 轴的理解，这个过程是很重要的。

认真做了顺序游戏的孩子，就会存有这种空间印象，今后就算遇到一些有难度的概念，也不会觉得困惑了。

顺序游戏

最上排的中间是什么?

小熊!

利用一个有横竖挡板的箱子，将它当做一个有很多房间的"公寓"，用它来帮助孩子理解"坐标"。

+	3	7	4	0	2	5	8	1	9	6
7										
9										
1										
4										
5										
0										
6										
3										
8										
2										

使用百格计算卡，使孩子发展到能够理解数字这种被抽象化后的概念。

在 2 和 2 相交接的方格里画〇。

是这里！

125

29. 购物游戏：了解金钱的概念

在现代社会生活，就必须掌握货币的概念。也许有人会觉得在孩子这么小的时候，教他们有关钱的事情不太好，可是为了能够给孩子将来对经济的敏感度和理财观打下基础，也要尽早开始这个游戏，让孩子理解这个概念。

与孩子进行模拟类的"购物游戏"是最有效果的。使用玩具的金钱，来玩一玩用金钱换取物品的游戏吧。

"宝宝，这个苹果要用那个（金钱）来交换哦。"

先不管金钱的种类和面值，最初要让孩子接触到"交换"这个概念，让孩子理解金钱是用来交换物品的一种东西。

接下来，要认识纸币与硬币，教给孩子纸币与硬币各有几种，它们分别能交换的东西（价值）有什么不同。可以使用日常生活中常见的蔬菜与水果来进行游戏：

"这个西红柿要 5 元钱一个，用哪张钱来买好呢？"

重复这样的游戏，让孩子了解纸币或硬币的价值。

下一个阶段，可以买多个物品，让孩子明白这些钱加在一起是多少：

"香蕉一个 1 元钱，买两个的话是多少钱呢？（和哪张钱的面值一样呢？）"

和孩子理解的进度相吻合地逐渐增加买东西的数量。

接下来就可以和孩子玩找零游戏。"买了一根 2 元钱的黄瓜，给了 5 元，找零是多少？"让孩子能够理解找零的概念。

对应孩子的年龄，父母要辨别清楚他的理解程度，进行最符合这个年龄段的"购物游戏"。

购物游戏

100元
50元
10元
1元 5角 1角 2分 1分

为了使孩子将来能够拥有良好的理财观和对经济的敏感度，
购物游戏的训练是非常重要的。

1元 5角 1角

使用玩具的金钱。

教孩子物品与金钱可以交换。

买几个物品，合起来是多少钱，或者找零是多少，等等，对应孩子的年龄和理解程度，循序渐进地进行购物游戏。

30. 找不同游戏：锻炼观察力

把看起来大体相同的两幅画并排放在一起、去寻找不同之处的游戏，对于年龄幼小的孩子来说是无法做到的，所以要以年龄稍大的孩子为对象。

孩子对于事物的理解必须经过几个阶段。比如说给年龄幼小的孩子看图画书或卡片，教给他"这个是狗"，就算孩子当时认识了，可如果在街上散步时看到了狗，孩子往往就无法辨认出它与图画书或卡片上的狗是同一类事物。这时如果妈妈主动对孩子说："看！是一只狗，好可爱啊！"这时孩子会初次认识到实物"狗"的存在。

认识了"相同"之后，接下来，就要进入到识别"不同"的阶段。举个例子，把狗的卡片和猫的卡片并排放在桌子上，然后拿出另外一张狗的卡片给孩子看："与这个相同的是哪一个？"孩子就能够将狗的卡片选择出来。但如果问："与这个不同的是哪一个？"孩子往往就会迷惑，怎么也无法理解"不同的"等于猫的卡片这件事。教给孩子"不同"就是不一样的，并反复地进行游戏，孩子就会明白猫和狗的不同，而且明白就算是狗也会有很多品种的不同。

下一个阶段是"搭配组合"，让孩子能够理解"颜色"与"形状"这两种元素的搭配，比如"蓝色的圆形是这个，红色的四边形是那个"，之后父母就可以渐渐地把元素增加到三个、四个。

经过这几个阶段之后，在已经有了这些综合能力的基础上进行的训练就是"找不同游戏"，所以前提是要反复地进行"色彩游戏""形状游戏""大小游戏""积木游戏"等。如果想让孩子理解哪个是狗、哪个是猫，三角形的屋顶和四边形的屋顶是不同的这些事情的话，就要进行大量的、各种各样的游戏和训练。如果孩子不能完成找不同游戏的话，就要返回之前的那些游戏，重新练习。即使不能完成游戏，家长也不要对孩子表现出急躁的情绪。

找不同游戏

年龄幼小的孩子就算认识图画书或卡片上的狗，也不一定能理解这与现实中的狗是同一类事物。重要的是，妈妈要主动对孩子说"那只狗好可爱哦"这样提示的话。

孩子对于不同的事物，总是很难选择出来，可以重复练习多试试。

孩子进行过"形状游戏""大小游戏"等各种游戏训练，有了综合能力的基础后，再开始"找不同游戏"。

31. 作文游戏：锻炼作文能力

大多数的妈妈肯定认为写作文那是年龄很大的孩子才能做到的事情，理由就是孩子小时还不能很好地书写文字，也不能考虑文章的构成，所以，现在这么小的年龄写作文还太勉强了……但是，孩子的头脑中其实已经积攒了很多的灵感、感受和想象力，只不过暂时还没有向外输出的"技术"而已。

"写作"这种事情会因人不同而有非常大的差异。这对孩子来说是最大的难关也说不定。有能够快速上手、善于写作的孩子，也有怎么也写不好的孩子。如果因为写不好，家长先焦躁起来催促孩子的话，孩子往往就会变得讨厌作文了。一旦孩子变得讨厌作文，想让其再喜欢作文就非常困难了。

首先可以从日记开始，把一天发生的事情写一篇短文试试。但是如果不教给孩子秘诀的话，其作文就只会是简单的"今天做了什么"的重复，像"今天吃饭了""和朋友去玩了"这一类的简单表述。 这个时候就要依靠父母的提醒了，像" 那么，那个是什么颜色的啊？" "有发出什么声音吗？ "这种简单的提问就可以。要点就是通过简单的话语提醒孩子注意"颜色""声音""形状""数量""感受""想象"这些方面。

为了使自我表现更加丰富， "假设作文"的游戏方式也是可以让孩子变得对作文更感兴趣的一个好方法。最初可以采取让孩子说，妈妈代笔写的形式来练习。

假设作文的题目是任意的，可以是"假设我是一只蚂蚁"，然后通过提问"变成蚂蚁，进入妈妈的鼻子里看一看？"来引导孩子发挥他的想象力。

作文游戏

孩子的头脑中积攒了很多的灵感、感受和想象力。

只不过暂时还没有向外输出的"技术"而已。

妈妈只要给很简单的提示就可以。

"假设作文"也是一种好方法。

即使孩子写得不好，也不要焦躁地催促。

32. 处理能力提升游戏：锻炼问题处理能力

本书已经介绍了很多提高处理能力的游戏。请把这一课的"处理能力提升游戏"看作是能够提升前面那些游戏精度的训练，素材就以目前为止做过的东西为对象。

孩子是迟早要进入学校学习、踏入社会工作的，在各种不同的环境中，将会被要求做很多事。他们在学校的话，将被要求在特定时间内解出答案，这种考试将反复出现。当他们踏入社会工作之时，会被要求在期限内提交企划案。总之必须在各种"条件"的限制下，解决被给予的任务或工作。"如果多给我一些时间，是可以做到的……"想必大家都会遇到这种无奈的场面吧。

提升处理能力的训练，对于孩子的未来发展来说，是必不可少的重点内容。"无拘无束"当然是一种个性，但是在一决胜负的时刻能够完美应对的能力也是必须要从小培养起来的。

　　那么，我们来温习一下练习过的游戏。第 25 课的"计算游戏"中，"百格计算"的目标是要求 6 岁大的孩子能在 2 分钟之内完成。为了能够让孩子在要求时间内完成，首先要创造相应的"环境"。

　　"现在开始百格计算，从妈妈说'预备，开始！'到'时间到！'这一段时间内，试试完成这个计算。"

　　过程中的努力、完成的自信——促使孩子在锻炼中提升意志力，就是这个游戏的重点。

　　堆积 10 块积木，用筷子将豆夹到一个碟子里，或者是第 21 课的迷宫游戏中让孩子在规定时间内到达终点……游戏的素材可随意选择，只要清楚地设定好"完成时间"，就能提高孩子的书写能力、计算力与注意力。也就是说，这可以使孩子脑部的全部能力综合提升。

处理能力提升游戏

游戏的素材可随意选择，最重要的是要设定好时间。

即使孩子没做到，也不可以批评孩子。"真遗憾啊，要不要再试一次？"这样鼓励孩子，能激发孩子的干劲儿。

在规定时间内，堆积一定数量的积木。一起来堆积木吧！

能不能够完美地堆积一个金字塔的形状呢？

再做一个游戏，把一个碟子里的豆用筷子夹到另外一个碟子里。妈妈也一起来挑战一下吧。

33. 残像游戏：锻炼注意力、照相能力

残像游戏是利用颜色的残像来提高右脑的"照相能力"。我们先准备一张橙色的卡片，然后在中间画上一个直径 2 厘米至 3 厘米的蓝色圆点。这就是这个游戏将使用的橙色"残像卡"。

首先让孩子闭上双眼，然后引导孩子慢慢地进行 3 次深呼吸。心灵平静后，再让孩子睁开眼睛，给他看橙色卡片中心的蓝色圆点。让孩子不要眨眼，一直看，大概看 20 秒左右。这样看过卡片之后，让孩子再一次闭上眼睛。

通常在闭上眼睛之后，可以看见"互补色"或"对比色"。前述情况下，蓝色是"原色"，那么看见的就是橙色。能够看见的残像组合是：橙色←→蓝色，红色←→绿色，黄色←→紫色，白色←→黑色。最初能很自然地看见互补色，但是在反复练习的过程中，渐渐变成看到的残像就是你所看见的原色。

但是，也有可能发生无论怎样都无法看到原色作为残像的情况，这和积累的经验有关系。这时可把第 26 页色彩游戏和第 78 页暗示游戏充分地练习一下，之后再重新试一次。另外，延长残像时间（闭着眼睛的时间）也会变得比较容易看到原色，也试试这种方法吧。孩子如果看到了图像，就要问他"看见了什么"，"什么颜色的"，让孩子说出来或画出来。

这种残像训练很适用于提高注意力。实际上，如果在留有残像的时间里测定一下脑波的话，会发现是呈 α（阿尔法）波的状态。换言之，就是一种非常放松的状态，没有紧张与不安，没有杂念，完全集中注意力于一点的状态。

习惯了用残像卡来游戏之后，必然会导致自发性的"照相能力"相应提高。

这个残像游戏，对于孩子来说也不过就是游戏的一种。开心地进行下去吧。

残像游戏

使用橙色卡片中心画有蓝色圆点的残像卡。

蓝色　　　橙色

让孩子看蓝色的圆点，持续 20 秒。然后闭上眼睛。于是，最初可以看见橙色(互补色)的圆点。

在反复练习的过程中提高了注意力，逐渐地能够看到蓝色
（原色）的圆点。

不久，孩子就能够将所想的事情
原样映射到脑中，自由想象。

145

七田真教室教师的反馈

3 岁 6 个月的小 Y，是一个很爱说话的坚强的孩子。她非常喜欢做练习册，即使妈妈不督促她，她自己也会想着做，非常努力。但是与这些优点形成对比的是，她会时常控制不住自己的情绪。为此之后小 Y 也会道歉并反省，说明她自己也明白这是不对的事情，但下一次却还是控制不住自己。

前几天在课上，她又任性地跑出去，还一直哭。妈妈也很困扰，不知如何是好，只能努力尝试让她情绪稳定下来好好听话。

我相信小 Y 并不是表面看起来的这个样子，要想办法接触到深处的、真实的、温柔平和的她。我递给小 Y 一杯水，并尽量用温柔平缓的语调对她说："这一杯是七田老师送给你的'光之水'哦。喝完这杯水，你的心就会变得很温暖，变得很幸福。你就会停止哭泣，不再流泪哦。要不要喝了它试一试？"小 Y 立刻停止了哭泣，点了点头，一口气把水喝完了。然后，她那还有着泪痕的脸上终于露出了笑容。

　　不论是我还是小 Y 妈妈，都对这种暗示语言所能达成的效果而感到惊讶。非常感谢七田老师的指点——不要关注孩子让人困扰的那一部分，而要去挖掘孩子本质的"光"的部分。

第 3 章

七田式右脑教育

右脑是高速脑

七田式幼儿教育是以开发右脑为主的教育。一提起教育，可能人们常常会想起学习知识，提高学习成绩，但这只是意识到左脑功能的陈旧的教育。

引导出孩子们所拥有的能力，进行培养，使其发展。这就是右脑教育，教育也本应如此。在七田式的右脑教育中，图像是一个非常重要的要素，与通过语言来教授学习知识与传递信息的左脑相比，这可以说是左右脑的最大不同之处。

在右脑的世界，信息在一瞬间被转换为图像，然后作为知识被记忆，这可直接关联到学习效果。

为了能够使信息作为一幅图像被瞬间捕捉，充分开发右脑是必要的，其中一种方法就是看光的训练（视焦开放法）。如 152 页的图解所示，让孩子在身体前方握拳，将大拇指放在食指上面，稍微拉开两个拳头之间的间隔。将焦点设在手指的前方，用余光不经意地看大拇指。在训练中要出声引导孩子："用余光不经意地去看指尖，就能够看见光，能够看见各种颜色哦。"

让感觉到了各种颜色的孩子，把看到的颜色画在纸上。通过这个游戏可以唤醒沉睡的右脑。

还有一种非常有效果的右脑开发方法——眼部训练，就是沿着线条快速地移动视线。这个训练的重点同样是让孩子把看见的光和颜色画出来。像 152 页图解所示的线条，一旦右脑觉醒，就可以做到在 10 秒内沿线看 50～100 次。与左脑的缓慢转动相比，右脑是高速脑，因此能够将沿线看的次数作为图像捕捉到。

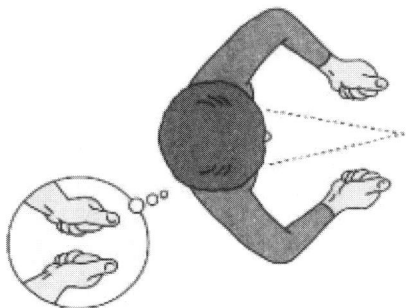

视角开放法是右脑开发训练之一。给孩子一些暗示，告诉他在两个拳头的大拇指之间的前方能看见各种颜色的光。

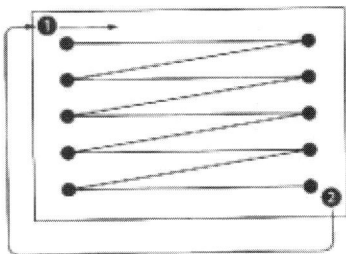

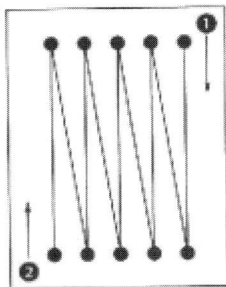

沿着线条快速移动视线的"眼部训练"对右脑开发也很有效。

为了发展孩子的能力，家长要时常关注和鼓励孩子。体育运动的积极效果是不可估量的。

如果右脑不及时开发，就会沉睡

首先，我们来整理一下隐藏在右脑中的能力。

直觉力、媲美计算机的计算能力、照相记忆能力、外语学习能力、治愈能力等，无论哪一个孩子，都拥有这些能力。只要为孩子创造一个引导环境，他的能力就能够充分发挥出来。

为什么右脑会有这么多的能力呢？这与右脑的特性有很深的关系。右脑的基本运作就是通过共振共鸣将被给予的刺激进行信息化。就像同样频率的音叉会共鸣一样，右脑能够把一切事物的波动作为信息接收。即使看不见、听不见，左脑的五感感觉不到的东西，右脑也可以清晰捕捉。通过这样接收波动，将信息转变为图像来理解也是右脑的特性。图像化与五感全体相关联。比如，即使不实际去吃也能想象得到它的味道，不去触摸也知道触感如何。

而且，与右脑相关的记忆还有一个特性：右脑能将一瞬间看到的和听到的东西完全记住，并随时可以再现。这当然是因为右脑是图像记忆的方式。

上述右脑的能力如果不及时开发的话，就会沉睡并永远消逝了。为了引导出这种能力，所需要的就是适当的教材以及使用教材的诀窍。七田教育研究所研发的教材以及累积的诀窍，包括可以在家里做到的，已经依次在第一章里介绍过。这些不仅仅能够开发右脑，还能创造连接左脑与右脑的回路。

如果想灵活运用右脑能力，就必须在左右脑之间创造回路。右脑捕捉到的信息需要向左脑转移并表现出来。从创造出牢固的回路开始，就能够在左右脑均衡发展的基础上发挥出高水平的能力。

体育运动也能培育心灵

在发展孩子能力的同时，还有一些不可忽略的事情，那就是身体的锻炼与心灵的培育。身体与心灵的成长是生存的基石，必须从早期就开始牢牢地构筑。

体育运动不仅能够锻炼身体，对心灵的成长也非常有效。特别是需要互相合作的团体竞技，孩子在开心地流淌汗水的同时，心灵将会自然而然地成长。要点是，指导者要引导孩子，使其确切具备领导能力。

在运动前，家长要以严厉的姿态来要求孩子学习打招呼以及回话这种基本礼仪。一定要让孩子认真学会礼仪，拥有一颗为他人着想的直率的心。

还有，家长要细致细心地对待孩子，使孩子感受到无微不至的照顾是很重要的。在恰当的时机表扬和鼓励孩子，可以培育出孩子的干劲儿与韧性。

胜败结果分明，这也是体育运动的一大优点。孩子既能品味到在比赛或游戏中胜出的快乐，也能体会到失败的懊悔。与同伴一起获得胜利的成就感，或在失败后明白不是自己想要什么就能得到什么，这些对孩子的心灵育成来说都是宝贵的精神食粮。

虽然对于训练来说，有很多可以选择的体育项目，但最好是选择孩子感兴趣的、愿为此拼命努力的项目。如果是不喜欢的项目，那么体育本身所拥有的优点也将减半了。

在孩子有比赛项目的时候，家长无论怎样也要抽出一些时间去为孩子加油。家长来或不来看自己的比赛，孩子的心情是完全不同的。通过关注与被关注的形式来进行亲子交流，同样可以培育孩子的心灵，使其更加坚强。

运动促进"快乐因子"多巴胺的释放，产生积极的情绪

强大的心灵是指什么？简单说来就是可以控制自己的情绪、能够一直保持活力的心灵。以前的年代是一个能让孩子们在外面充分活动、玩耍的时代，在那种生活中，可以自然而然地培育出强大的心灵。但是当今时代，电子游戏已成为了孩子娱乐的主流，导致心灵越来越难以得到锻炼。

我们首先要关注的是多巴胺这种神经递质，可能很多人都没有听过这个词。多巴胺是指大脑里的一种神经递质，它可以解除心中的不安与紧张，保持住良好平衡的活力状态。也就是说，只要提高多巴胺水平，就可以帮助心灵变得强大。

还有一个提高心灵活力的要素，大家有没有听说过"海马体"？海马体属于大脑边缘系统，与记忆及学习能力有着深切关联。海马体越是活跃，心灵就越有活力、越是充满干劲。为了活化海马体，就必须大量引导出西塔脑波（θ波）。

多巴胺啊，θ波啊，听起来似乎是很深奥的东西，但其实"实践"起来是很简单的。不管是提高多巴胺，还是引出θ波，都只要活动身体就可以了。

诀窍就是带有一定节奏的运动，用同样的节拍来走路就是一个典型的例子。可以在做完七田式训练后带着孩子一起去散步，既可以转换心情，又能够加深父母与孩子之间的亲子关系。作为使心灵变得强大的训练，其效果也是绝对不容忽视的。父母可以对应孩子的年龄灵活选择运动时间的长度，但请一定将其作为每日必行的活动。

让孩子不易怒、不暴躁的好方法

呼吸也会对多巴胺产生影响。采用一定的节奏来反复呼吸，将会使多巴胺活跃起来，而节奏一旦混乱，就会使多巴胺变弱。

现在使呼吸节奏变乱的一大原因就在于孩子们非常热衷于游戏。玩游戏时，孩子会目不转睛地盯着电视或游戏机的屏幕，心一直处于忐忑不安、提心吊胆的状态下。这样会很明显地抑制呼吸，结果就会导致多巴胺减弱。

如前所述，多巴胺的作用是将心灵维持在一个平稳的状态，这种物质的减弱，会使情绪变得焦躁不安。现在已经变成较大社会困扰的"暴躁儿童"，被有关研究指出正是与游戏（呼吸紊乱）有关系。

因为能使心灵平静、放松，七田式幼儿教育将呼吸法放在了一个重要位置上。孩子们将实践进行的呼吸法为"丹田呼吸"，即深深地、舒畅地呼吸。

　　首先，从嘴里慢慢地吐出细密绵长的气息，关键是要呼出所有的气，全部呼出后，再用鼻子慢慢地吸气。在吐气时，要想象隐藏在心里的不安与焦躁都会同气息一起呼出体外，吸气时则要做元气被大量吸入的想象。

　　可以这样引导孩子："吸气时要像小狸猫一样，吸得肚子鼓鼓的哦。吐气时，肚子要像被压扁了一样地凹进去。"

　　这样呼吸 3 次至 5 次，心情就会变得很舒畅。

　　在七田学校学习的孩子们平常一直在实践丹田呼吸，他们都拥有一颗平稳安定的心灵，像"易怒"和"暴躁"这些情绪当然都是少见的。

锤炼心灵，使其强大，就要进行有一定节奏感的运动。父母与孩子一起"散步"也是个很好的方法。

用丹田呼吸法深深地、慢慢地呼吸，吐出不安与焦躁，大量吸取元气。

通过想象训练来磨炼思考力和探索力

　　前文已经提过，对于右脑开发来说，想象力是很重要的。想象力的训练方法之一就是"木棒想象训练"，即想象自己变成了一根木棒的训练方法。

　　让孩子仰躺在床上，轻轻闭上眼睛，利用上一节提到的"小狸猫吸气法"吸气三次。

　　然后对孩子说" 好了，接下来妈妈说 1、2、3、开始的时候，宝宝的身体就会变得像木棍一样硬哦。"3 岁以下的孩子可能还不易进入状态，而到了 4 岁左右时，只要和孩子这么说，孩子就能做到向全身注入力量。也可以给孩子一些建议："让腰抬高一 些，伸直。"这会很有效果。

　　让孩子想象自己是木棒，维持 5 秒到 10 秒。然后再对孩子说："我说 1、2、3、开始。宝宝的身体就会变得像棉花一样柔软。"这个游戏的关键是吸一大口气的同时变成木棒，吐气的同时要一口气卸掉全身的力量。由木棒到棉花，来回反复三次。

通过反复让身体紧张、松弛这样的动作，不论心灵还是身体都能得到放松，并且更容易进入想象状态。

这时，可以让孩子想象一下颜色："你看见了一种颜色，是红色的圆形。"为了让孩子更容易想象，也可以更换为具体的事物，类似于"可以看见一个红色的苹果哦"这一类的都可以。事先和孩子说好，看见了的话就举手，确认孩子想象完成后，就换一种颜色让孩子想象："可以看见黄色哦（黄色的柠檬）。"

完成一种颜色后，接下来再换蓝色或其他颜色，一共让孩子想象三种颜色。在反复训练的过程中，孩子的想象力将会逐步强化。

快速提升孩子外语学习能力的方法

在这个日益全球化的时代，让孩子学会英语，估计是所有家长的共同愿望。不仅仅限于英语，要想学好任何一门外语，要在幼儿期就让孩子接触外语学习才是关键。大家肯定听说过这样的事情，去海外工作生活的一家人中，最早能听懂外语，最早能够说外语的一定是年龄最小的孩子。

比如说，英语中有日语所没有的一些发音，也有独特的发声方法，日本成年人掌握英语非常困难的原因就在于此。但是，婴幼儿却能轻而易举地越过这道屏障。

成年人的话，会用思考、理解这种左脑式学习法来学习英语。与此相比，婴儿使用的是能够将输入的信息全部采纳、进行处理的右脑来学习英语。

学好英语的要点首先就是要多听。在吃饭时、玩乐时，都可以放英语录音来听，让耳朵多接触到英语。像 *Mother*

Goose 这种英文歌也很有效果，也可以多听动画片的英语版。

　　也许有人会担心："孩子连日语都还不会说呢，给他听英语会不会造成混乱呢？"要知道，右脑的容量比我们认为的还要庞大很多。事实上，不管是英语还是日语，能够流利说两国语言的孩子，在这个世界上到处都是。

　　将写有英语单词的卡片（闪卡）一边读一边快速地闪给孩子看，或者读英语的图画书给孩子听，让孩子从婴儿期开始就接受英语的洗礼，请大量地读给孩子听吧。

　　成年人可能无法想象婴儿时期的吸收力有多么惊人，如果教育得法，孩子的英语水平绝对能以直线上升的方式大幅提高。

提高外语学习能力的要点就在于，越早越好，从幼儿期开始就给孩子听大量的外语。

来做身体由木棒变成棉花的想象训练吧，想象力的强化与右脑
开发是直接联系在一起的。

幼儿期的右脑教育可以提高记忆力

脑科学领域在 1960 年以后开始取得巨大发展。开发婴幼儿的大脑拥有重大意义——这一发现也是在此时，而且通过这项研究成果，有两位研究人员获得了诺贝尔奖。

哈佛大学的托斯坦·维厄瑟尔和大卫·休伯尔两位科学家，因对脑部的两个重大发现，而获得了 1981 年的诺贝尔生理学或医学奖。他们的其中一项发现就是婴幼儿通过感觉（五感）感受到的一切经验，对于教导脑细胞如何工作起到了极其重要的作用。另一项重大发现为，过了婴幼儿时期之后，脑细胞将逐渐丧失这样快速提升的机会。

诺贝尔奖获得者想说明的是，在幼儿期使孩子在能给予五感大量刺激的环境中成长是很重要的，这不但对之后脑的发展与人格的形成有巨大影响，而且能为今后的良好人生构筑基础。

换言之，脑科学已经证明了早期教育的必要性。

　　通过刺激五感来开发右脑。右脑教育是越早进行越好，能够拥有最佳训练效果的黄金时段是 0 岁至 6 岁。这一阶段，通过对脑部的锻炼可以使其迅速发展。

　　说得详细一点，越锻炼脑部就越灵活。比如说记忆力，通过在幼儿期给予孩子大量刺激，脑部神经细胞的"网络"将会扩大和被开发，这能够培育出孩子瞬间记忆事物的优秀能力。

　　但这只有在以右脑为主导的婴幼儿时期才能够实现。"一旦过了幼儿期，就会丧失这种机会"，请好好领会诺贝尔获奖者的这句话吧。

"重复"是记忆力提高的要点

作为能够提高记忆力的"刺激",最行之有效的方法就是读图画书给孩子听。通过反复地读孩子喜欢的图画书,孩子就能够记住。这与左脑通过思考来记忆的方式相比,是另一种完全不同的架构。右脑能够制造记忆的回路。

但是,只读给孩子听还是不足以培育优秀的记忆力的,让孩子把记住的事情说出来是下一步要做的重要的事。一旦说出来,就说明通过听他人读而记住的事情有了输出渠道,所以,要让孩子能够说出来。听别人读等于制造输入回路,背诵等于制造输出回路。如果说培育记忆力相当于一辆自行车的话,那么这就是自行车的两个轮子。

脑科学家中言及此事的是获得诺贝尔生理学或医学奖的西班牙学者圣地亚哥·拉蒙·卡哈尔。他在理论中提及:"想让脑部发达,只是单纯地给予刺激是不够的,还要通过其本身的行动来影响环境,并通过其结果导致的刺激来反馈给知觉。促进脑部机能发展的最大效果正在于此。"

他还认为："在这种感觉的反馈之中，对脑部机能发展最
有效的是幼儿期的行动反馈。"这里所说的"幼儿期的行
动反馈"之一就是指将记住的事情背诵（说）出来。

也许有人会认为，为了培育出优秀的记忆力，要连续
让孩子记住新的事物会更有效果。但这种想法是错误的。

因为要点是"重复"。同样的刺激要重复给予孩子
100 次、200 次……500 次，通过这样的训练，从提高记忆
力开始，很多能力都将得以提高。

从交流这一层面来说，直接面对孩子读图画书给他听
是最为理想的。但如果有时间上的问题的话，也可以将讲
故事或歌曲的录音重复放给孩子听。

家人的赞赏和认可是孩子能力发展的巨大原动力

　　对于发展孩子的能力来说，父母对待孩子的方式是非常重要的，其基础就是"赞赏"与"认可"。当然，这不代表可以答应孩子的任何要求，放纵孩子的任性。如果孩子做出了伤害他人、给别人添麻烦的事情，要向孩子说明这是不对的，这时进行适当的批评也是必要的。

　　所以要在这个原则之上给予孩子赞赏和认可。但是，也许很多人觉得这要实施起来是一件相当困难的事情。这里有一个秘诀，就是使用拜托式的疑问语气。多数的父母在与孩子的交流中通常是采用命令语气说话的，我们可以将"快点穿衣服！"改为"宝宝，快到时间了，可不可以快点穿衣服？"这种拜托式的询问语气。语气的不同将直接导致孩子干劲儿的不同。

　　而且，如果孩子很好地回应了你，你就要表扬和认可他："哇，衣服穿得真整齐。宝宝真能干，是个好孩子。"

父母们是不是觉得这样会更有效果？

被父母表扬和认可的孩子，会保持一种幸福的心情，对待任何事情都会是积极的、正面的心态。这将成为孩子能力发展的巨大原动力。

表扬和认可的词汇是肯定的、温暖的、明亮的、包容的、柔软的，所以，这会给予孩子勇气，使孩子感受到希望。脑科学也表明，开发右脑正是要使用这样的词汇。

与此相反，否定孩子的词语将导致右脑关闭，左脑压力大增。要知道与孩子的交流，特别是妈妈的交流，将会影响到孩子的大脑，特别是对孩子的心灵状态起到非常大的影响。"不可以／不许""快一点／怎么总是慢吞吞的""为什么你总是做不到／要我说几遍你才懂"……这些不知不觉中总是脱口而出的话，都是禁忌！

通过橙卡来训练想象力

　　在右脑开发中占据重要位置的就是想象力。能够提高想象力，使其达到极致效果的就是使用橙卡的想象训练。具体方法参见 142 页"残像游戏"的介绍。

　　在孩子闭上眼睛的时候，可以适当地暗示和引导他，比如"正中间的圆就是蓝色的哦""圆的颜色和形状可以随意变化""现在出现了各种各样的图像"……孩子会按照所暗示的那样在想象中浮现出各种图像。

　　进行这样的想象训练后，将会提高孩子的注意力、表现力和直觉能力，这些能力的综合提高将直接关联到想象力的提升。拥有了一定程度的想象力之后，就可以引导孩子，如"那么，今天我们去动物园吧。都有些什么动物呢"，"去水族馆看一看吧，很期待看到各种鱼呢"，在想象的世界中去各种各样的场所看一看吧！

　　自由地拓展想象的世界，通过这种方式就可以激活右脑。请父母也陪着孩子一起快乐地想象吧。

七田式右脑·闪卡理论

　　七田式幼儿教育的核心训练法之一就是"闪卡"，即像闪光灯一样，高速地一张接一张地给孩子看大量的卡片，其有效性已被各国专家所认可。脑力开发的世界权威、美国的韦恩·威戈（Win Wenger）博士在其著作中如此阐述："对于一两岁的孩子，一个一个地教他们文字与发音是没有用的。如果想教给他们什么的话，就做一个把写有单词的卡片瞬间闪给孩子看，并迅速读出的练习吧。"

　　这正是对七田闪卡理论有效性的最有力的证明。使用闪卡不仅能刺激右脑，通过闪卡游戏，七田式还可以让孩子反馈回来（让输入的信息再输出）。专家已证明，这种反馈对于脑部开发来说非常重要。

　　闪卡理论正是契合于右脑高速运转、能够同时处理大量信息的特性。有人批判闪卡训练方法是"填鸭式教育"，这完全是不理解脑科学的错误见解。"高速与大量"的信息会使右脑非常舒畅。

现在大家都已知道，年龄越低越容易开发右脑，年龄越大越难以激活右脑。

美国学者的学术研究表明，孩子们的智力到 4 岁为止就已经完成了一半，到 8 岁将完成 80%。也就是说，在这个年龄段之后，智力被开发的余地仅仅剩下 20%。

"趁热打铁"，这是幼儿教育的法则。

让孩子自然成长

所有的孩子，无论是谁，身上都隐藏着极其优秀的能力。要想充分引导出这种能力的话，就必须以一步一个阶梯的方式阶段性前进。就像刚刚出生的婴儿不可能立即开口说话一样，不要老想着从 "0" 一下跳到 "10" 的水平。

七田式幼儿教育正是立足于这个基础之上，配合孩子们的成长周期给予系统性的指导。在每一个成长阶段都进行与此时期相符合的适当指导，这是能够取得惊人教育成果的原点。

举例来说，如果想让孩子理解颜色。那么，首先应该从红、蓝、黄开始，让孩子能够彻底掌握三原色，这是第一阶段；然后，理解淡蓝色、粉色、紫色等大概 10 种左右的颜色，这是第二阶段；接下来，就进入到能够分辨金黄色和群青色这些比较微妙的颜色的第三阶段。

还有，对 "大" "小" 的理解也是从最初单纯理解大和小的概念，到对"哪一个比较大（小）"这种简单的关于"比较"的理解，然后再发展到对"这些物品里第二大（小）的是哪一个"这种"复杂比较"的理解。总之是一个一个阶段地提升难度。

特别需要注意的是，家长通常会非常急切地希望看到孩子的成长，但如果过于迫切而使训练手段不与孩子的发展阶段相吻合的话，就会使孩子丧失自信与干劲儿。孩子只有在感觉"做这件事很快乐"的心情下，才会培育出自信与干劲儿。

尤其在要求孩子回答问题这种"输出过程"中，要特别注意不要心急。比如，孩子可以识别红色，也知道大小的概念了，父母就突然把这两种概念混合提问："红色的、最大的杯子是哪一个？给我拿过来。"这种要求就是太性急了。一定要一步一个阶梯地前进。

闪卡是一种帮助高速处理大量信息的训练工具。年龄越小越要开发右脑。

为了能够充分引导出孩子的能力，以一步一个阶梯的方式
阶段性前进是非常重要的。一旦家长过于心急，就有可能
会夺走孩子的自信与干劲儿。

喜爱读书是成功的一大要素

在孩子小时候，一定要让他做的事情就是——读书。读书不仅可以增加词汇量，还能够综合提高注意力、理解能力、想象力等多种多样的能力。对于家长来说，喜欢读书的孩子会让父母非常省心。 比如，出门旅行需要长时间待在交通工具上时，孩子可能会一直吵闹，但是如果孩子能够把精力集中于书本上，父母就不用担心孩子了。

想要培养喜爱读书的孩子，首先要做的就是，从婴儿时期就开始读图画书给孩子听。在知晓了图画书的世界有多么快乐之后，孩子就会自己拿着图画书来找妈妈读给他听了，而且孩子的听力也会大幅提升。

在孩子有一定的识字量之后，就要为让孩子自身有"想要读书"的心情而创造一些动机。方法有很多种，"奖励法"就是其中一种。比如，可以对孩子说："如果宝宝读 5 册图画书，妈妈就买宝宝最喜欢的汉堡包给你吃。"有了这种快乐的"目标"，孩子的积极性会立刻被调动起来。而孩子读完 5 册图画书之后，会自然产生一种成就感，这会促使他自己生成"想要多读几本"的心情。

孩子可以从书本中看到多姿多彩的世界，体味到各种各样的人生。一旦孩子开始读书，就不可能不被书本中的世界所吸引。孩子能否喜欢读书的关键，就在于父母能否巧妙地制造读书的契机。实际生活中，就有过一个 5 岁的孩子在一周内读了 100 本书的实例！

虽说不是读得越多就越好，但有过在短时间内阅读了大量图书经验的孩子，肯定会在求知的路程上跨进一大步。在现在这个社会，人们有越来越远离印刷书刊的趋势，而培育孩子喜爱读书的习惯，可以使孩子在未来遥遥领先于他人。

加深亲子感情的 10 条行为准则

　　一提起幼儿教育，也许有些人就会盲目地认为这就是为了提高幼儿的智能。但是，七田式幼儿教育的最高目标是为了加深父母与孩子之间的爱，并以此来培育孩子的心灵。因为七田式教育认为，一颗温柔、为他人着想的心，是能够最大限度发挥自身能力的基础。

　　对于培育孩子的心灵来说，基础就是父母能够清清楚楚地传达自己的爱。当孩子实际感觉到自己是被爱着的，他的心灵就会很安稳，并对父母产生信赖感。这与孩子今后能够正确理解父母的想法相关联，并进一步发展到接人待物的态度与对他人的体谅心。

　　为了让家长向孩子清楚地传达自己的爱，并加深相互之间爱的联系，就一定要在实际生活中实践 以下 10 条准则：

　　1. 待人亲切；

2. 做事谦虚；

3. 待人接物有一颗诚挚的心；

4. 要时常抱有一种感谢的心情；

5. 不要忘记关怀他人；

6. 不论对谁，都要有一颗怜恤照顾之心；

7. 时刻不忘微笑；

8. 做实事而不计较个人得失；

9. 与身边的人分享你的幸福；

10. 不论任何时候，都要认为自己是幸运的。

如果家长能够以这 10 条准则作为自己言行的规范，就不仅能够自然而然地传达自己的爱，还可以使孩子仿效自己的言行逐渐成长。另外，您是一位对孩子也很谦虚的父母吗？当孩子帮了自己的忙时，您有说谢谢吗？您认真读一读这10条准则，踏踏实实地改正自己言行的不当之处，这将对您的育子过 程产生难以言喻的莫大帮助。

从 33 种游戏中找出您现在能做到的，请一定要和孩子一起试一试

通过眼前孩子的发展变化，我初次实际感觉到了孩子的成长。对于右脑理论与 ESP 这种时常在本书中出现的词汇，您可能无法立刻理解，但这些理论绝不是故弄玄虚，而都是经过实践检验的。我对我的三个孩子，每一个都是全力以赴如此培育至今。所以，现在我有自信这样说。

1987 年，七田教育研究所成立。七田教室培育出来的第一批孩子们已经成人，即将踏入社会。这之后，七田教室毕业的孩子们也将长大成人，开始在社会上崭露头角，我对此非常期待。

孩子们本来都是干劲十足、求知欲旺盛的，如何培育孩子的干劲，这就要看父母怎样做了。我们要求从父母自身做起，从而影响孩子。

但是，育子是一件相当困难的事情。对于大人来说，工作与家务都需要大量时间，属于自己的时间也是非常重要的。很多父母虽然觉得孩子的教育非常重要，但却认为也不可能为此牺牲其他全部事情。正是因此，本来只要花费些精力就可以盛开的花朵，却一直放任它维持着花苞的状态，这真是一件非常遗憾的事情。

在这里，请父母们不要有"不全宁无"这种极端的想法，可依据各自家庭的情况和时间安排，不要勉强，从能做到的训练开始就可以。

请父母和孩子们一起开心地做本书中所介绍的、培育孩子们各种能力的 33 种游戏吧。其实父母可以和孩子一起做游戏的时间，并没有想象中那么长。孩子一旦上了小学，和朋友们一起玩啊，参加各种活动啊，就会变得忙碌起来。父母需要花费时间，精心照料孩子的时期，其实只有婴幼儿时期（0 ~ 6 岁）。

我真心期待，在婴幼儿这段无可替代的时期，家长们能够重视并珍惜，将每一位孩子都能培育成日本、乃至于世界未来的支柱。

七田真教室教师的反馈

通过"数字游戏"能够自然理解 10 的合成。

2 岁 6 个月的小 N，非常喜欢数字练习，尤其喜欢百珠算盘，每次都是一个一个，或十个十个地数数。有一天他突然一边说"1 加 9 是 10，2 加 8 是 10"，一边拨动算盘开始玩起 10 的合成来。通常在教室里进行百珠算盘的环节时，不只是一个一个地数，还会给孩子看 5 的合成、10 的合成等。我认为这是上课成果的体现，并为此感到十分开心。在课堂上进行的一切训练都是为了给孩子们一个优质的输入。

通过"照相记忆法"突然能够记住英语单词的拼写

5 岁的小 A，是个很努力的女孩。小 A 的妈妈非常热心于训练，并从心里认同七田式教育。小 A 从很小的时候就通过通信教育进行了右脑开发训练，8 个月前开始在右脑教室学习，非常有活力地一直努力学习着。有一

天，妈妈带小 A 去英语班上体验课。在课上进行英语单词
strawberry 的"照相记忆"时，小 A 虽然是第一次进行这
种训练，却将英语拼写卡 片排列得完全正确。小 A 的妈
妈认为这是因为孩子进行过右脑的相关训练，把英语单词
的拼写也当做图像一样完全记住了。所以我切实感觉到，
右脑的 照相记忆对于孩子将来学习英语也有很大的帮助。

后记　我们为什么要向中国家长介绍"七田真"

　　每一位父母都会在孩子身上寄予希望：希望他健康、希望他自信、希望他有一颗坚强且温柔的心、希望他有一个美好的将来……这些美好的希望，是父母之爱的自然反映。但希望是希望，终归需要科学的教育方法来引导、促成这些希望的实现。

　　在日本著名的企业家、教育家大前研一先生的指引下，我对教育产生了越来越浓厚的兴趣，最早我关注的是成人教育领域，但是很快我就发现，能对人产生最大影响的时期其实是婴幼儿时期，这个关键的时期，父母起着决定性的作用。

　　在进一步的研究中，我发现，在日本，早教市场占据首位的是"七田真"。

七田真先生的核心教育理念

1. 右脑教育

　　七田真先生极其注重右脑教育，并被越来越多的人所认可。

为什么右脑教育如此重要？简而言之，因为现代社会自动化程度日益提高，很多左脑擅长的事情，电脑逐渐都能取代。而右脑的能力，共情力、创造力、整合力……却是目前的机器无法取代的。"全球最具影响力的 50 位商业思想家"之一丹尼尔·平克也曾预言，未来社会比较看重这六种思维能力——设计感、娱乐感、意义感、故事力、交响力、共情力。纵观这六种能力，都是右脑的长项。

☆可以说，右脑思维者更适应未来。

再来回顾一下七田真先生关于右脑的核心教育理念，他指出：

① 传统教育侧重左脑教育，但未来更适合擅长右脑思维的人。孩子在 6 岁之前是右脑优势，我们需要在孩子 6 岁前给予更多的引导，实现左右脑均衡发展。

② 早期教育越早越好，从胎儿期即开始，胎儿是人一生中心灵感应最强的时期。

③ 早教并非灌输知识，而是培养孩子的心性。

④ 情商教育更容易帮助一个人成才，右脑的开发，

能极大提升孩子的情商。

⑤ 教育的终极目标是培养独立思考和判断的能力。

2. 爱、严格、信赖

七田真先生希望父母们"爱、严格、信赖"自己的孩子。

父母的爱与信赖是潜能被激发的基础，感受到父母的爱与信赖的孩子更快乐，潜能才会自然流出；而没有"严格"的爱只能是溺爱。

越来越多的中国家长选择七田真早教

一个早教品牌取得广泛的认同绝不是偶然的，七田真先生的教室在全球活跃了50多年，在13个国家和地区建立了557个教学中心，一代又一代的家长和孩子在"七田真教室"受益、成长，心灵得到了滋养，才能得到了觉醒。

而在中国，七田真国际教育也已经在北京、上海、广州、深圳、昆明拥有了12家直营中心，听听大家的感受，或许你就能明白为什么越来越多的中国家长会选择"七田真"：

"七田真的老师会理解孩子的全部，连我都觉得心里变得温柔舒服起来。"

"掌握了想象力、集中力、直感力后，在他喜欢的体育方面也非常有用。"

"坦率地说，家长每周也在成长。"

"孩子学会了持之以恒，并能够自主学习。"

……

我们为什么选择这 6 本书

选择总是艰难的。

七田真先生著作颇丰，在日本出版的有 200 余种，中国曾引进出版过的也已超过 20 种。在我们将所有的版权都逐一收回整合后，仔细甄别、精选了最能代表七田真先生思想和方法，并适用于中国家长和孩子的内容，最终确定了这套新的早教经典——"七田真早教经典系列"。

1.《七田真胎教法》：胎儿是人一生中心灵感应能力最强的时期。

2.《七田真：0~6 岁右脑教育法》：右脑思维者掌控未来。

3.《七田真：爱与规则》：在爱的基础上，建立规则，孩子才能成才。

4.《七田真：培养优秀宝宝父母必上的7堂课》：父母这样做，孩子就有学习力、创造力、判断力、同情心，能够努力向上、能忍耐、能自我成长。

5.《七田真：情商教育法》：抓住情商培养的关键期，提升孩子对情绪的感知能力和掌控能力。

6.《培养右脑思维的33个亲子游戏》：在游戏中激发右脑的潜能。

日本近代文明启蒙人物冈仓天心曾提到，茶道是一种对"不完美"的崇拜，是在我们都明白不可能完美的生命中，为了成就某种可能的完美，所进行的温柔试探。

其实，教育也是如此。孩子的成长没有回头路可走，因此我们更愿意尽最大努力，把更符合我们东方人价值观的教育理念推介给大家，帮助更多的家长，实现他们寄托在孩子身上的美好希望。

当然，因为受限于作者成书时脑科学的研究进展，难免有少量内容不符合最新发现，但七田真基于脑科学和心理学发展而提出的全脑开发和心灵教育理念仍会让当代父母受益匪浅。

希望我们的爱能持续照耀孩子们前行的路。

七田真国际教育 CEO

（马思延）

七田真早教经典系列

七田真胎教法
978-7-122-25905-9
定价：36.00 元

七田真：
0~6 岁右脑教育法
978-7-122-25763-5
定价：36.00 元

培养右脑思维的
33 个亲子游戏
978-7-122-25762-8
定价：36.00 元

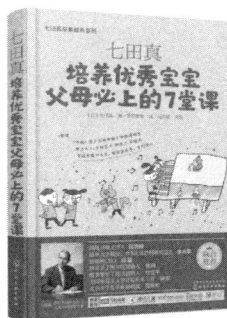

七田真：
培养优秀宝宝父母
必上的 7 堂课
978-7-122-25811-3
定价：36.00 元

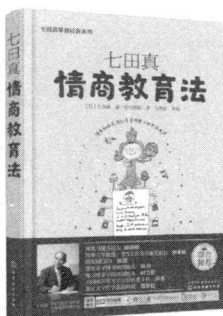

七田真：
情商教育法
978-7-122-25802-1
定价：36.00 元

七田真：
爱与规则
978-7-122-25803-8
定价：36.00 元

七田真国际教育公众号